KB057312

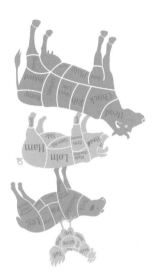

동물에 대한 낯선 생각들

고기가 되고 싶어 태어난 동물은 없습니다

더 생각 인문학 시리즈 08

초판 1쇄 발행 | 2019년 9월 30일
초판 2쇄 발행 | 2020년 5월 1일

지은이 | 박김수진

발행인 | 김태영
발행처 | 도서출판 씽크스마트
주   소 | 서울특별시 마포구 토정로 222(신수동) 한국출판콘텐츠센터 401호
전   화 | 02-323-5609 · 070-8836-8837
팩   스 | 02-337-5608

ISBN 978-89-6529-215-9 03300
값 15,000원

- 이 도서의 국립중앙도서관 출판예정도서목록(CIP)은 서지정보유통지원시스템 홈페이지(http://seoji.nl.go.kr)와
  국가자료공동목록시스템(http://www.nl.go.kr/kolisnet)에서 이용하실 수 있습니다.(CIP제어번호: CIP2019033840)

- 씽크스마트 • 더 큰 세상으로 통하는 길
- 도서출판 사이다 • 사람과 사람을 이어주는 다리

고기가
되고 싶어
태어난
동물은
없습니다

동물에 대한
낯선 생각들

박김수진
지음

인간동물과
비인간동물은
다르지 않다

올해로 비육식을 실천한 지 10년째입니다. 다행히 우려했던 "고기를 먹지 않았기 때문에 생기는 질병" 같은 것들 없이, 오히려 더 건강한 삶을 유지하고 있습니다. 사실 저는 채소와 과일을 좋아하지 않습니다. 상황이 이렇다보니 비육식을 실천하는 데 꽤 큰 어려움을 느꼈지요. 그리고 소위 "동물"이라 불리는 존재들을 좋아하지 않습니다. 좋아하는 "동물"은 가족, 파트너, 친구 그리고 17년째 함께하고 있는 작은 강아지 한 마리뿐입니다.

이렇게 동물을 좋아하지도 않고, 과일과 채소를 좋아하지도 않는 제가 고기를 끊어가면서까지 동물권에 관심을 가지고, 관련 활동을 할 수 있는 것은 한 가지 믿음 때문입니다. 그것은 "인간동물과 비인간동물은 다르지 않다"는 단순한 이유입니다.

저는 인간이 아닌 동물들의 불행과 그 불행이 다시 인간에게 돌아오는 과정을 담고 싶었습니다. 그리고 어째서 인간은 양을 키우는 목장에 관광하러 올라가서 양을 귀여워하다가 내려와서는 아래에서 판매하는 양고기를 먹을 수 있는지 그 메커니즘을 여러분께 소개하고 싶었습니다.

제 고민과 의도가 충분하게 반영되었는지 자신은 없습니다. 그러나 제가 고민하는 과정을 함께 해주실 분들이 있다는 사실을 압니다. 이 어렵고 무거운 주제들에 대한 명료한 해결책을 당장 찾을 길은 없지만, 지속적으로 고민하는 개인이 늘어나고, 그 개인들이 작고 큰 연대로 힘을 합치면 새로운 문이 열리고, 함께 걸을 길을 만들어나갈 수 있으리라 생각합니다.

이 책은 일종의 동물권 입문서입니다. 구성은 물론 문체까지 이해하기 쉽도록 기획, 집필했습니다. 이제 막 동물권에 관심을 갖게 되었거나, 동물권의 주요 의제를 궁금해하는 분들에게 작은 도움이 될 수 있기를 바랍니다.

1부는 2013년 5월부터 2014년 3월까지 〈페미니스트 저널 일다〉에 연재했던 칼럼을 실었고 2부는 채식을 지향하거나 채식주의자로 살고 있는 열 명의 경험과 이야기를 담았습니다. 인터뷰 글의 일부를 칼럼 본문에 인용했기에 인터뷰 글은 전문에서 인용한 부분을 수정, 삭제하여 실었음을 알립니다.

저의 개인적인 고민과 공부의 결과물을 보다 많은 분들과 공유할 수 있도록 공간을 내어 주신 〈페미니스트 저널 일다〉의 조이여울님, 박희정님 그리고 〈도서출판 씽크스마트〉의 이순업 실장님, 김태영 대표님께 감사드립니다.

노력하는 채식주의자 열 분을 만났습니다. 그분들이 있었기에 제 고민은 더욱 풍부해졌고, 이 책을 구성, 출판할 수 있었습니다. 특별한 감사의 마음을 전합니다.

마지막으로 지난 2018년 9월 25일, "산다는 건, 사랑한다는 건, 이별한다는 건 이런 거야."라는 가르침을 주고 떠난 비비와 곧내 곁을 떠날 나의 17세 늙은 강아지 투투에게 사랑을 전합니다.

감사합니다.

차례

동물에 대한

낮선 생각들

01

'투투'와 나의
　　근본적인 차이는
대체
무엇일까요?

17년 전 강아지 투투를 만난 이후로

어릴 때부터 작든 크든 사람을 제외한 살아있는 모든 동물을 무서워했고 그 어떤 동물에도 관심이 없었습니다. 새끼손가락 손톱 크기도 안 되는 작은 벌레들이 눈에 보이기만 해도 비명을 질러대며 도망쳤고, 동물원에 가서 동물들을 보면서도 참으로 무감했습니다.

　생각해보면 무서워하는 데 그치지 않고 다양한 동물학대와 살해를 일삼아 왔죠. 이를테면, 동네 친구들과 어울리며 산으로 들로 잠자리를 잡아 일명 '대가리 떨어뜨리기 게임'도 했고요, 엄마의 명령으로 집안을 돌아다니던 쥐를 잡아 삽으로 내리찍어 죽였던 적도 있어요. 36년 동안 별생각 없이 닭, 돼지, 소, 오리를 먹었고, 각종 동물의 피부로 만들어진 지갑, 벨트, 운동화 등을 사용해왔지요. 지금도 일부 사용하고 있고요.

그랬던 제가 갑자기 '강아지를 키우고 싶다'는 생각이 들더라고요. 아무 고민 없이 그 마음 하나로 5만 원에 강아지 한 마리를 샀습니다. 그녀의 이름은 '투투'이고, 현재 나이 17살로 17년째 동거하고 있습니다.

투투와 함께 살면서 처음으로 사람이 아닌 동물에 관심이 생겼어요. 투투와 오랜 시간 생활하다 보니 그동안 얼마나 동물의 감정과 생각, 습관, 행동에 무지하고 무관심했는지 깨닫게 되더군요. 저는 강아지 얼굴에 표정이 있다는 것을, 강아지들이 눈과 작은 행동으로 자신의 뜻과 마음을 전달할 수 있다는 것을, 강아지도 매 끼니 같은 음식만 먹고 싶어 하지 않는다는 것을, 강아지에게도 친구가 필요하고 가족이 필요하고 잦은 산책과 외출이 필요하다는 사실을 하나씩 배워갔습니다.

그러면서 생각했어요. '대체 강아지인 투투와 사람인 나의 근본적인 차이가 무엇일까?' '투투에게 희로애락이라는 감정이 있다면 길고양이들에게도, 동물원에 갇혀 있는 동물들에게도, 사람의 '행복한 식탁'을 위해 죽는 닭, 소, 돼지 같은 동물에게도, '대가리 떨어뜨리기 게임'으로 죽어간 잠자리들에게도 희로애락이 있지 않을까?'라고요.

하지만 이런 생각들은 아주 가끔 떠오를 뿐이었습니다. 더 깊이 생각해봤자 답이 안 나오는 얘기라고 치부했죠. 그뿐 아니라,

투투와 다른 동물들에 관해 고민하면서도 미식가인 저는 맛있는 스테이크와 갈비를 찾아 전국을 누비고는 했습니다. 하지만 전에는 느끼지 못했던, 설명하기 어려운, 알 수 없는 죄책감을 느끼는 때가 점점 잦아졌습니다. 식당에서 주문하기 직전까지 불편한 마음에 잠시 괴로워했어요. 이내 붉은 고깃덩어리가 식탁 위 불판에 오르면 모든 걸 잊고는 아주 맛있게 먹었지요.

죽어가는 소를 보는 학살자의
인간미 넘치는 시선

지난 2010년 말, 구제역으로 인해 생매장되는 돼지와 소에 관한 소식을 접했습니다. 구제역으로 생매장되는 동물들에 관한 뉴스는 2011년 초까지도 이어졌지요. 그 시기에 380만여 마리의 농장동물이 생매장되었다고 합니다. 당시 〈동물권단체 케어〉가 잠입해서 촬영한 돼지 생매장 영상을 보고 정말 큰 충격을 받았습니다.

참혹한 영상을 보았다고 해서 당장 '고기를 먹지 않겠어!'라고 결심하지는 않았어요. 충격은 충격일 뿐이고, 그 충격을 '고기를 먹는 나'와 연결시킬 줄은 몰랐죠. 그러던 어느 날 우연히 다음의 기사를 읽었습니다. 그리고는 결심할 수 있었습니다. '그래, 고기를 끊어보자! 끊는 게 어렵다면 최대한 할 수 있는 만큼만이라도 소비를 줄여보자'고 말입니다.

30초가 지나고 1분이 흘렀다. 안락사 주사를 맞으면 근육이 마비돼 호흡이 불가능해져 통상 1분 안에 숨을 거둔다. 하지만 어미 소의 모정은 죽음조차 늦췄다. 힘이 빠져 무릎이 꺾이면서도 계속 젖을 물렸다. 그렇게 2분이 지났다. 새끼가 입을 뗄 때까지 어미 소는 죽음의 문턱을 넘지 않으려고 단말마의 고통을 이겨냈다. 새끼가 젖을 다 빨고 나서야 어미는 비로소 몸을 옆으로 뉘었다. 여전히 시선은 새끼를 향해 있었다. 엄마가 주는 마지막 식사를 마친 송아지는 쓰러진 어미 곁을 계속 맴돌았다. 하지만 그 슬픔은 오래가지 않았다. 새끼소도 이내 어미의 뒤를 따라야 했기 때문이다. 방역요원들의 눈가가 젖어 들었다.

(서울신문 "안락사주사 맞고도 끝까지 젖 물린 어미 소 모정" 2011년 1월 19일자)

기사를 읽으면서 어떤 분노와 혼란을 느꼈습니다. 사람에게 이용만 당하다 죽어가는 동물들에 대한 동정심 때문은 아니었습니다. 그 분노는 오히려 사람인 나를 향하고 있었어요. 학살의 현장에서 눈물과 모정을 찾아 묘사하는, 학살의 주체이기도 한 인간의 그 '인간미 넘치는 시선'이 불쾌했던 모양입니다. 그 불쾌한 시선이 기사를 쓴 기자만이 아닌, 나 자신의 시선임을 부정하기 어려웠던 거죠.

혼란스러웠습니다. 어미 소의 모정을 그린 기사에 눈물을 흘리는 나와, 소갈비를 찾아 전국을 유랑하는 나는 누군지, 동일한 대상을 보고 다른 생각을 하는 이유가 궁금하더라고요.

궁리 끝에 저는 진정 무서운 동물은 바퀴도, 지렁이도, 나방도 아닌 나, 사람인 나인지도 모른다고 생각하기에 이르렀지요. 그리고 오랫동안 들여다보고 싶지 않았던, 알아내려고 애쓰지 않았던 영역인 동물권의 문제에 관심을 두게 되었습니다.

제일 먼저 〈동물권단체 케어〉와 〈동물자유연대〉라는 동물권 단체에 회원가입을 하였습니다. 그리고 시청하려면 굉장한 인내심과 용기가 필요한, 동물학대의 참상이 담긴 동영상도 찾아보았고, 동물권에 관한 단행본과 논문을 찾아 읽었어요. SNS를 통해 만난 몇몇 분과 함께 작은 책 읽기 모임도 운영하였고요.

하지만 지식과 경험이 일천하여 지금도 여전히 여러 가지 고민을 하고 있습니다. 어디에서부터 무엇을 어떻게 실천하여 작은 변화를 일으킬 수 있을지 방법을 잘 알지 못해요. 그래서 동물권을 고민하는 초심자로서 제 경험과 생각을 독자들과 나누면서 그 방법을 구체화해보고 싶다고 생각했습니다.

농장동물, 실험동물, 모피동물,
전시동물, 애완동물

어쩌면 이 글이 읽기 수월하지 않을 수도 있습니다. 이 글에서는 '인간'의 반대 혹은 대립하는 존재로서 '동물'을 이야기하지 않을 생각입니다. 아시다시피 동물은 동물계로 분류되는 생물의 총칭이며, 인간은 원숭이와 함께 영장목에 속하는 포유동물이지요. 저는 '인간'을 '인간동물'로, '동물'을 '비인간동물'로 표기하겠습니다.

아무래도 가독성에 어려움이 생기겠지요. 혼란스럽기도 하고요. 그런데도 이렇게 표기하려는 이유는, 이런 시도로써 동물이라는 범주 안에 인간이 포함된다는 사실을 강조하기 위해서입니다. 인간이 얼마나 인간중심의 정의와 해석에 익숙해져 있는지, 얼마나 많은 동물이 인간에 의해 대상화되고 도구화되어 왔는지 드러내려 합니다.

비인간동물은 인간동물에 의해 개성이 있는 개별 존재가 아닌, 인간동물의 하위 계급인 추상적 의미에서의 '동물'로 규정되었어요. 인간동물은 비인간동물을 농장동물, 실험동물, 모피동물, 전시동물, 오락동물, 애완동물 등 인간동물이 활용할 수 있는 범주로 나눠 착취해왔지요. 전 세계의 인간동물은 인구의 약 10배인 600억 마리의 비인간동물을 먹기 위해 사육하고 있습니다. 한 해 3억 톤 이상 "고기"를 소비하고 있지요.

우리나라는 경제 규모가 확대되며 1인당 육류 소비량이 기하급수적으로 증가하였습니다. 이에 따라 목축산업은 비대해졌고, 생산량 증가를 위한 업자들의 노력은 생명체인 비인간동물을 단순 산업 소비재로 취급하는 '기업화된 축산업 구조'를 만들어냈지요.

〈동물자유연대〉에 따르면, '실험동물'로 사육되고 활용되는 비인간동물의 수는 국내에서만 총 143만8천681 마리라고 합니다. 실험동물은 인간동물만의 생명 연장의 꿈을 위한 의약품, 미용을 위한 화장품, 대기업 주도의 생활용품, 학자들의 학문업적을 위해 사용되어 왔고요. 또 많은 비인간동물이 인간동물이 사용하는 구두와 운동화, 벨트, 지갑, 핸드백, 가방, 의류를 만드는 데 희생되고 있습니다.

그런데 비인간동물에 대한 학대와 착취는 비인간동물에게만 머물지 않습니다. 대기업 독식의 공장식 축산업이 등장하면서 지역의 주민들이 생계와 건강을 위협받고, 공기와 물과 토양 등 자연환경과 생활환경도 오염되었지요. 공장식 축산업 노동자의 노동환경도 갈수록 열악해졌고, "고기" 생산에 투입되는 곡식은 세계적인 식량위기를 부추기고 있어요. 비인간동물에 대한 인간동물의 착취의 결과는 고스란히 인간동물에게로 되돌아오고 있는 것입니다.

사육하고 착취하는 동물 vs.
사랑하는 '동물친구들'

그런데 흥미로운 사실은 인간동물이 모든 비인간동물에 대해 학대와 착취만 일삼아 온 것이 아니라는 점입니다. 어린이를 위한 동화책과 제도교육 내 교과서에도 수많은 "동물친구들"이 등장하고, "애완동물 산업"은 날로 번창하고 있지요.

인간동물은 낮에는 구제역으로 생매장당하는 돼지들을 보며 눈물짓고, 저녁이 되면 직장동료들과 함께 황사로 칼칼해진 목 관리를 위해 삼겹살집에 들러 즐거운 시간을 보낼 수 있습니다.

동물을 인간동물과 비인간동물로 나누고, 비인간동물에 대해선 착취할 수 있는 동물과 사랑해 마지않는 동물로 나누어 놓았어요. 우리 사회는 똑같은 종인 개를 두고도 "반려동물"과 "식용견"으로 나눕니다.

인간동물의 비인간동물에 대한 인식과 태도는 일관적이지 않습니다. 이러한 이중적인 인식과 태도의 원인은 무엇일까요? 그리고 인간동물인 우리는 어떻게 해야 비인간동물에 대한 인식과 태도에 일관성을 가질 수 있을까요? 저는 이 글에서 저와 여러분에게 이런 질문을 던지고 그 해답을 찾아보려 합니다.

아마 이 글을 읽는 내내 마음이 불편한 분이 있을지도 모르겠어요. 사실, 글을 기획하고 쓰는 제 마음도 크게 다르지 않습니다. 몇 가지 대안을 제시하고 싶지만, 그 대안이 얼마나 필요한 일인지, 실현가능성은 얼마나 있는지 저 역시 아직 알 길이 없습니다. 그저 '동물권'이라는 낯선 권리의 개념, 인간이 아닌 동물에 관한 작은 관심과 고민을 확장해가는 하나의 과정으로 받아들이시면 좋겠습니다. 다양한 의견과 경험을 나누고 싶습니다.

동물에 대한 낯선 생각들

02

동물을 바라보는
　지독한
'인간중심주의'
철학들

우리는 왜 동물을 죄의식 없이 이용할까

영향력이 있는 철학자의 철학이나 사상가의 사상은 그것이 탄생하던 시기에는 물론 그 이후 시대를 사는 많은 "평범한" 사람들의 철학과 사상에도 영향을 미칩니다. 남성중심 이데올로기가 여성에 대한 억압과 차별을 정당화해온 역사나, 자본주의 사상의 오랜 위력을 생각해보면 쉽게 알 수 있지요.

특정한 대상이나 문제에 관해 사회구성원이 갖는 "일반적인" 생각은, 지배적인 힘을 행사해 온 앞선 철학과 사상의 결과이기도 합니다. 동물권 논의에서도 마찬가지이지요. 서양과 동양의 철학과 사상 속에서 드러난 비인간동물에 대한 인식이 현대인의 생각과 태도에 재현되고 있습니다.

인간동물이 비인간동물을 '생명이 있는 존재'로 생각하기보다 '인간동물을 위해 죽어 마땅한 수단'으로 인식하게 된 배경에는, 비인간동물을 대상화하고 수단으로 본 철학과 사상들이 있습니다. 동서양을 막론하고 비인간동물에 대한 인간동물의 인식이 '인간중심'이었다는 사실을 부정하기는 어려울 것입니다. 동서양의 지적 전통 속에서 영향력을 행사해 온 몇몇 사상가의 예를 살펴보겠습니다.

서양 철학자들이 구분한 '동물과 인간'

아리스토텔레스는 인간동물만이 이성을 가졌다는 전제하에 비인간동물을 계급적으로 하위에 두고, 이성을 가진 인간동물이 비인간동물을 자원으로 이용하는 행위가 정당하다고 주장했습니다.

데카르트는 비인간동물과 인간동물의 중요한 차이로 "기호, 신호, 언어 사용 능력"을 꼽으면서, 이성도 없고 언어 사용 능력도 없는 비인간동물을 차별하는 것은 정당하다고 보았습니다. 그는 비인간동물이 내는 소리는 언어가 아닌 자연적인 동작이며, 하나의 기계적인 반응일 뿐이라고 주장했죠.

데카르트에게 비인간동물은 '영혼이 없는 기계'일 뿐이었으니, 그는 개를 테이블에 올리고 살아있는 채로 해부할 수 있었습니다. 그 과정에서 비인간동물이 내는 비명은 시계의 태엽이나 톱니바퀴들이 분해될 때 나는 소리일 뿐이었죠.

데카르트를 따르던 자크 슈발리에는 비인간동물 안에는 '기계적인 무질서'라는 게 있다고 주장했어요. 이성을 가진 인간동물 안에는 '이성을 전제로 하는 질서'가 있다는 얘기지요. 슈발리에는 인간 내부의 질서와 이성을 부정하는 것은 신을 부정하는 것이라고 주장하기도 했습니다. 그리고 인간동물이 비인간동물적인 상태에 있는 것은 '대재앙'이라고도 말했습니다.

로크는 신이 오직 인간동물에게만 이성을 허락했다고 말했어요. 이성을 가진 유일한 생명체인 인간동물이 모든 자연에 대한 소유권을 가진다고 주장했지요. 로크에게 자연은 신이 인간동물에게만 허락한 정복의 대상이었고, 열등한 비인간동물이 인간동물에게 복종하는 것은 당연한 일이었습니다.

'인간에게 이성이 어디 있냐?'고 반문하는 회의주의자가 득세하자, '인간에게는 이성이 있다'며 죽어가던 이성을 복원하려 했던 칸트 역시 "우리는 동물과 관련해서 직접적 의무를 지지 않는다. 동물은 자의식적이지 못하므로, 어떤 목적을 위한 수단일 뿐이다. 그 목적이란 인간이다"라고 주장한 바 있습니다.

동물도 고통을 느낀다는 걸 아는 지금도

아리스토텔레스, 데카르트, 로크, 슈발리에, 칸트의 인식을 받아들일 경우, 비인간동물에 대한 착취와 학대는 정당화되겠지요. 비인간동물에 대한 인간동물의 소유권과 지배권이 인정되는 상황 속에서, 인간동물은 자신들의 이익과 편의를 위해 비인간동물을 정복하고 활용하고 죽이는 게 자연스러운 일이 되죠.

그뿐 아니라 비인간동물은 기계에 지나지 않은 존재이니만큼, 이들을 활용하는 과정에서 죄책감과 같은 감정적 동요를 겪을 필요도 없어집니다. 이성은 인간동물의 전유물이고, 이성이 없는 비인간동물은 '자기 의식'이라는 것을 가질 리 만무하니까요.

이들 철학자의 생각과 주장은 오늘날의 인간동물이 자연과 비인간동물, 그리고 세상을 이해하는 방식에 그대로 적용되었습니다.

그런데 현대의 인간동물에게는 조금 더 무서운 면이 하나 있습니다. 과거엔 비인간동물이 고통을 느끼지 않는다고 보는 '무지'의 상태였던 것에 반해, 오늘날 철학자들을 비롯해 많은 인간동물은 비인간동물이 '고통을 느낀다'는 사실을 인정하고 있다는 것입니다. 고통을 느끼는 존재에 대한 착취와 폭력에 관심을 두지 않는다는 점에서 과거보다 더 잔혹합니다.

'동물적 인간'보다 무서운 '인간적 동물'

이쯤에서 함께 생각해보고 싶은 문제가 있습니다. 앞서 소개한 서양 철학자들의 주장에서 이상한 점을 발견했어요. 세상은 변화하여 인간동물은 더이상 신에게 의존한 채 살고 있지 않습니다. 그러니 신이 인간동물에게만 이성을 선사했다는 주장은 다시 생각해볼 필요가 있겠지요.

그리고 인간동물에게만 있다는 '이성'의 정체가 무엇인지 더 깊이 고민해봐야 합니다. 세상사 돌아가는 꼴을 보고 있자면, 과연 인간동물에게 이성이라는 것이 내재하는가 묻지 않을 수 없거든요. 이성이 좋은 것이고 모든 인간이 이성을 가지고 있다면, 수많은 성폭력과 가정폭력, 불공정한 노동 문제, 장애인과 이주민과 동성애자 등 소수집단에 대한 차별과 폭력의 역사를 어찌다 설명할 수 있을지 모르겠어요. 슈발리에의 주장처럼 인간동물에게 어떤 질서가 내재한다면, 어찌하여 세상은 이토록 무질서한가에 대한 답이 필요하달까요.

비인간동물을 계급적으로 하위에 놓고는 비인간동물이 내는 소리를 언어가 아니라고 간주하는 이 또한 인간동물이지요. 인간동물과 비인간동물을 분리하고, 자신과 다른 존재의 감정과 언어를 자기중심적으로 해석하여 "언어가 아니다"라고 주장하는 인간동물의 이기적인 행태를 어떻게 이해해야 할까요.

이런 질문을 하고 싶습니다. 누가 인간동물에게 동물을 계급적으로 상위인 것과 하위인 것으로 나누어 비인간동물을 마음대로 쓰고 버릴 권한을 주었을까요? 인간동물이 비인간동물처럼 되는 것이 대재앙이라고 했지만, 한편으로 생각해보면 비인간동물이 인간동물처럼 되는 것이 더 큰 재앙이 아닐까요?

동물권에 관한 관심은, 당연하다고 생각해온 이 모든 것들을 꺼내어 다시 질문하는 데서부터 시작해야 하는지도 모르겠습니다. 마치 동성애를 이해하기 위해서 역발상이 필요한 상황과 유사하지요. 역사적으로 그간 '동성애의 원인'을 캐내려고 애써왔다면 이제는 '이성애의 원인'을 먼저 생각해보거나 "동성애자는 사랑과 우정을 어떻게 구분하는가?" 같은 질문을 이성애자에게 물어보는 것이지요.

불교 철학에서 말하는 '평등한 생명'

동양 철학의 사정은 어떨까요? 생명사상을 중시하는 불교 철학을 예로 생각해보겠습니다. 불교 철학은 비인간동물을 바라보는 관점에서 서구의 철학과는 큰 차이를 보입니다.

불교 철학의 전통에서 강조하는 '생명'은 인간동물만의 전유물이 아니죠. 생명은 인간동물과 비인간동물을 초월하여 존귀한 것으로 간주됩니다. 현상인 외형은 업이 만들어낸 껍데기에 지나지 않으며, 모든 생명은 본성상 영원하고 자유자재한 것으로 인간동물과 비인간동물 간의 차별은 존재할 수 없다는 입장이지요.

불교의 절대 자유와 절대 평등 사상은 생명에 높고 낮음을 두지 않고 적용됩니다. 생명은 다른 것을 위한 수단이나 도구가 될 수 없으며, 그 자체로 가치 실현의 목적입니다. 그 어떤 생명도 죽임을 당하거나 차별받거나 억압받아서는 안 된다고 봅니다.

불교 사상에서 '부처'는 석가모니를 이르기보다는 세상만물 모두가 부처인 '법신'으로 간주되는데요. 따라서 산과 들, 하늘과 바람, 인간동물과 비인간동물 등 우주를 구성하는 만물이 부처이고 그들 간에 차별은 존재하지 않습니다.

불교에서는 동물을 인간동물과 비인간동물로 분리하지 않고, 오히려 그런 경계 짓기를 해서는 안 되는 '망상'으로 간주하지요. 이러한 불교 사상의 근본적인 생각과 태도를 보면, 불교 철학만큼 비인간동물을 대상화하지 않은 사상이 있을까 하는 생각도 듭니다.

자비는 인간의 것, 미움은 동물의 것?

그러나 존재에 차별을 두지 않고자 했던 불교 사상이 현대의 인간동물의 인식이나 태도에 직접적인 영향력을 행사하고 있지는 않습니다. 여전히 많은 불자와 불교사상 지도자에게서 비인간동물은 대상화되거나 타자화된 범주에 머무르기 때문이에요.

해탈을 강조하는 지도자들은 오직 인간동물만 해탈이 가능하다고 보며, "동물적인 것"은 열등하고 저급한 차원으로 언급하곤 합니다. 불교서적들에서 사랑과 자비는 인간동물의 전유물이며, 미움과 질투 등 그릇된 마음은 "동물적인" 상태라는 식의 비유와 설명을 찾기가 어렵지 않습니다. 또 비인간동물로 태어난 것은 '전생에 죄를 많이 지었기 때문'이라고 해석하는 불자도 수없이 많습니다.

이쯤에서 다시 질문해봅니다. 주체와 객체, 인간동물과 자연의 이분법을 해체하고자 하는 사람들이 어찌하여 해탈에 경계를 두려 하는지, "(비인간)동물적인 것"이 열등하다고 판단하는 명확한 근거는 무엇인지, 무엇이 더 하등하다고 분별하는 그 경계는 누구를 위한 것인지, 무엇보다 그런 분별과 분리가 오히려 불자의 해탈을 방해하는 망상의 일면이 아닐지 등을 깊이 생각해보자는 것입니다.

동서양의 지적 전통 속에 흐르는 '인간중심주의' 개념을 몇 가지 사례를 통해 살펴보았습니다. 인간중심주의는 인간동물이 만들어낸 하나의 신념이자 지배이데올로기이지요. 인간동물이 세상 만물의 중심이며 세상은 인간동물을 중심으로 구성되고 전개된다는 신념입니다. 이러한 신념은 비인간동물에 대한 소유와 지배, 학대와 살생을 정당화하는 바탕이 되고 있습니다.

03

종차별주의를
  극복하는
대안적 관점–
피터 싱어, 톰 리건

'인간중심주의'에 반기를 든 서양 철학자들

'인간중심주의'라는 서양의 지적 전통 속에서도, 비인간동물에 대해 의견을 달리한 소수의 사상가가 존재했습니다.

철학자 헨리 모어는 비인간동물에 대한 데카르트의 인식에 큰 우려를 표하며 "데카르트의 이론은 모든 동물의 생명과 감각을 박탈하는 치명적이고 살육적인 억압 이론"이라고 반론을 폈습니다. 작가인 세비녜는 비인간동물을 '물건'과 동일시하는 데카르트를 보며 분개하기도 했다는군요. 스피노자는 자연을 이분화하는 것에 대해 비판하면서 인간동물 중심의 사상에 문제를 제기했고, 쇼펜하우어는 "고통받는 존재로서의 동물"에 대한 연민을 드러내기도 했습니다.

특히, 공리주의자인 제러미 벤담은 현대 서구의 동물권 사상에 기반이 된 이론을 제시한 것으로 유명합니다. 벤담은 1780년에 발표한 논문에서 처음으로 비인간동물에 대한 인도주의적 사상의 필요성을 강조했는데요. 그는 '인간동물만 언어 사용 능력이 있다는 점'을 기준으로 비인간동물에 대해 존재론적 평가를 하는 것을 거부하였습니다. 또 비인간동물에 대한 학대를 '노예의 고통'에 비유하면서, 중요한 것은 "동물들도 고통을 느낀다"는 사실이라고 주장했습니다.

벤담의 사상은 최근 동물권에 관해 영향력 있는 사상가 중 한 명인 피터 싱어에게 이어졌습니다. 싱어는 2천 년 이상 지속된 비인간동물에 대한 서구의 사유 방식을 근본적으로 타파해야 한다는 인식을 바탕으로, 동물권에 관한 공리주의 사상을 전개하고 있습니다.

공리주의 윤리의 목표는 "고통의 최소화, 쾌락의 최대화"입니다. 싱어는 비인간동물도 고통을 느낄 줄 아는 존재, 감정적인 존재라고 주장하면서 '윤리적 고려의 대상'이 되어야 한다고 강조했습니다. 그리고 인간동물은 비인간동물에게 더 많은 자애와 보살핌을 베풀어야 한다고 주장했지요. 싱어의 입장은 '공리주의론' 혹은 '동물복지론'이라고 불립니다.

동물권에 관해 영향력 있는 또 다른 사상가로 톰 리건이 있는데요. 리건은 비인간동물도 타고 난 생명의 가치를 실현할 '도덕적 권리를 가지고 있다'고 주장했습니다. 인간동물은 비인간동물의 권리를 빼앗아선 안 되며, 비인간동물이 그들의 가치를 스스로 실현할 기회를 보장해야 한다는 것입니다. 리건의 입장은 '의무론적 권리론' 혹은 '동물 권리론'이라 불립니다.

피터 싱어 '감각을 느끼는 존재에 고통을 줘선 안 돼'

피터 싱어의 공리주의론과 톰 리건의 '의무론적 권리론'에 관해 조금 더 살펴보도록 하지요.

공리주의는 '누구의 이익인가'와 무관하게, 감각 능력이 있는 '모든 존재'에게 쾌락과 고통에 관한 이익은 동등하게 고려되어야 한다는 도덕적 입장을 내포합니다. '모든 존재'라는 범주에는 인간동물은 물론 비인간동물도 포함되지요.

피어 싱어에 따르면, 쾌락과 고통을 느끼는 감각 능력이 있는 모든 존재의 이익을 고려하는 것은 인간동물의 최소한의 의무입니다.

인종차별주의자와 성차별주의자들은 자신이 속한 인종과 성별의 이익을 우위에 둠으로써, 공리주의의 평등 원리와 '동등 배려의 원칙'을 위반합니다. 피터 싱어는 종차별주의(Speciesism. 인간동물이 동물의 위계를 정하고 비인간동물을 차별하기 위해 고안한 신념체계. 리처드 라이더가 제안한 개념으로, 그는 종차별과 인종차별을 동일 선상에서 생각해야 한다고 주장했다) 역시 비인간동물을 대상으로 평등 원리와 동등 배려의 원칙을 위반한다고 주장합니다.

여기서 비인간동물이 이성을 가진 존재인지, 언어를 사용할 능력이 있는지 여부는 고려 대상이 아닙니다. 고려의 대상은 '감정을 가진 비인간동물이 쾌락과 고통을 느끼는가'입니다. '동등 배려의 원칙'을 비인간동물에게 적용하는 데 동의한다면, 인간동물이 야기하는 비인간동물의 고통은 근절의 대상이 되지요.

그러나 싱어는 종차별을 거부하는 것이 곧 인간동물과 비인간동물의 "완전한 평등"을 의미하지는 않는다고 말합니다. 또한 그는 모든 생명이 동등한 가치를 지닌다고 주장하지도 않습니다. 그의 주장의 핵심은 신체적 고통을 피하고 싶어하는 인간동물의 이익과 비인간동물의 이익이 비슷할 때, '동등 고려의 원칙'에 입각해 사고하고 판단해야 한다는 것입니다.

싱어의 입장은 다른 존재의 이익을 무시하거나 경시해서는 안 된다는 것으로, 제한적이고 합리적인 주장이라는 평가를 받습니다. 싱어의 동등 고려, 동등 배려의 원칙은 모든 종에 해당하는 도덕적 가치입니다. 동시에 싱어의 도덕적 가치는 비인간동물의 본원적 가치에 집중하기보다, '고통의 감소' 측면을 강조함으로써 비인간동물에 대한 시혜를 부각시킵니다.

싱어는 도살 자체보다 비인간동물에 가해지는 고통을 강조하고, 인간동물이 비인간동물을 착취할 수밖에 없는 현실이라면 그에 상응하는 혜택을 주어야 한다고 주장하는 것이지요. 그는 고통을 없애거나 최소화하는 방식의 사육과 도축으로 얻는 '육식'을 용인합니다. 이러한 이론적 바탕 위에서 그가 제안할 수 있는 대안은, 비인간동물을 학대하는 '공장식 축산업'을 규제하고, 윤리적 채식주의를 실현하여 비인간동물의 고통을 최소화하는 것이겠지요.

톰 리건 '모든 생명체에는 고유의 가치가 있다'

싱어의 접근 방식은 공장식 축산업의 종식을 주장하기보다, 공장식 축산업 안팎에서 자행되는 비인간동물에 대한 잔혹한 학대의 종식을 강조하게 되는 측면이 있습니다. 싱어가 주장하는 비인간동물에 대한 '시혜적 철학'을 현실에 적용하는 것이, 인간동물에 예속된 '비인간동물의 해방'과는 무관하다는 지적이 제기됩니다. 이러한 문제 제기의 철학적 기반을 만든 사람이 바로 톰 리건입니다.

리건은 하나의 생명체로서 본래적 가치를 가지는 비인간동물에 대해 '어떠한 고통도 허용될 수 없다'는 입장을 견지하면서, '모든 생명체는 고유한 생명체로서의 가치를 존중받아야만 한다'고 주장했습니다.

인간동물과 마찬가지로 감정이 있고, 고통과 쾌락을 느끼는 의식이 있는 모든 생명체가 인간동물로 인해 고통받거나 살해당해서는 안 된다는 주장이지요. 생명의 위협이 없는 안락한 삶이 중요한 가치라면, 비인간동물에게도 마찬가지로 생명체의 본원적 가치는 훼손되어서는 안 될 기본적인 권리라는 관점입니다.

모든 생명체의 생명권은 어떤 종인지 여부와 무관하게 그 자체로 존중되어야 할 기본권이라는 의미이지요. 앞서 소개한 불교 사상의 '생명'에 관한 기본 관점과 유사합니다.

따라서 리건의 입장에서 보면, 비인간동물을 감금하고 살해하는 모든 행위는—그것이 식생활을 포함한 인간의 생명 유지를 위한 행위일지라도—비인간동물의 기본권인 "생명권"을 박탈하는 행위로, 도덕적으로 합리화할 수 없는 일입니다.

싱어가 중요하게 본 '비인간동물의 고통을 유발시키느냐 시키지 않느냐'의 문제는 리건의 철학에서는 의미가 없습니다. 그에 따르면 인간동물에게는 육식, 동물실험을 포함한 비인간동물의 사용을 중단해야 할 도덕적 의무가 있을 뿐이지요. 비인간동물의 기본권은 인간동물의 도덕적 의무 이전에 존재하는 것으로, 양보할 수 없는 도덕적 권리가 됩니다.

리건의 '의무론적 권리론'은 성차별을 폐지하지 않으면서 성평등을 논하거나, 인종차별을 폐지하지 않으면서 인종차별 금지를 논하는 것이 지니는 한계와 마찬가지로, '종차별에서도 생명권 자체의 권리를 고려하지 않을 수 없다'는 입장이지요. 즉, 비인간동물의 학대를 종식하려면 노예해방 같은 급진적인 전략과 장기적인 목표를 설정해야 한다는 입장입니다.

'동물 복지 증진'과 '동물 해방' 사이에서

현대 서구사회에서 전개된 동물보호와 동물권, 생명권 운동은 피터 싱어와 톰 리건이 제시한 이론적 배경 위에서 다양한 양상을 드러냅니다. '공장식 축산업'의 문제를 제기할 때 고통 없는 사육 환경과 고통 없는 도살에 대해 이야기하는 방식과, 비인간동물의 생명권 박탈 자체를 문제 삼는 방식 등으로 나타나지요.

한국을 비롯한 많은 사회에서 이루어지는 동물권 논의는 피터 싱어의 주장을 따르는 양상입니다. 비좁은 닭장에서 닭을 해방시키고, "인도적인 도축방식"을 고려하고 "사육 환경을 개선하자"는 논의가 많은 진전을 이루고 있습니다.

한편으로 비인간동물에 대한 학대와 착취를 종식하려면, 환경을 개선하거나 복지를 증진하는 것으로는 불가능하다는 주장이 있지요. 사육이란, 비인간동물이 타고난 본성대로 원하는 환경에서 제 수명대로 살고 죽을 권리를 보장하지 않으니까요. 소비의 측면에서, 소비자로 하여금 부채의식과 죄책감을 덜어주는 기능을 할 뿐이라는 말입니다. A4 한 장만한 공간에 닭 5, 6마리씩을 가두어 키우던 것을 2, 3마리로 줄여 키운다 하여도 닭을 가두어 키운다는 사실, 닭이 원래 타고난 특징과 수명대로 살 수 없다는 사실에는 아무런 변화가 없기 때문입니다.

그러나 당장 모든 인간동물이 '육식'을 전면 중단하거나 생명 연장의 꿈을 향한 동물실험을 전면 금지할 리 만무합니다. 그래서 등장한 '신복지주의'라는 개념이 있습니다. "오늘은 돼지우리를 깨끗이 청소하고 내일은 돼지우리를 완전히 비우자"는 내용입니다.

모든 사회운동에서 단일한 운동 방식이나 특정한 의제만 힘을 발휘하는 것은 아닙니다. 지향이 같아도 걷는 길의 위치나 환경, 의미는 각양각색이지요. 그래야 하고 말입니다. 동물권 논의도 마찬가지일 겁니다. 누군가에겐 동물복지론이, 또 누군가에게는 동물권리론이, 다른 누군가에게는 신복지주의가 대안일 수 있습니다. 동물권을 고민하는 과정에서 더욱 다양한 대안이 마련될 수도 있을 테고요.

동물권에 관한 이론들을 생각하며 각자의 이론적, 실천적 지향과 목표를 정해보는 것도 의미가 있다고 봅니다. 모든 문제가 그러하듯 그러한 지향과 목표 또한 얼마든지 변화할 수 있을 테고요.

04

농장동물과
　실험동물의
24시간, 7주, 4년
상상해봤나요?

당신이 만약 비인간동물이라면

이 글에서 저는 '학대'와 '착취'라는 개념을 사용합니다. 인간동물의 입장에 보면, 인간동물이 비인간동물을 사용하는 것은 '필요'에 따른 것이기도 합니다. 과도한 육식과 세계적으로 문제가 되는 과식의 문제를 본다면, 인간의 '필요'에 관해서도 깊이 생각해볼 여지가 있지요. 인간동물은 어떤 이유에서든 필요에 따라 비인간동물을 활용하고 있습니다.

　여기서 잠시, 비인간동물의 입장에서 생각해보지요. 인간동물의 '필요'를 비인간동물에 입장에서는 착취이자 학대, 살해 등으로 표현할 수 있을 겁니다. 비인간동물의 권리를 이야기하면서, 비인간동물의 입장에서 생각해보지 않는 건 앞뒤가 맞지 않습니다. 동물권에 대한 논의들은 이 점에 관해 합의를 전제해야합니다. 인간동물의 입장에서는 '필요'일 뿐인 문제가 비인간동물의 입장에서는 '생존'이 걸린 문제라는 사실에 동의한 다음에야 대화와 논쟁이 가능합니다.

인간동물이 비인간동물을 착취하고 학대하는 방식은 크게 농장동물, 실험동물, 모피동물, 전시동물, 오락동물로 나눌 수 있습니다. 농장동물에는 소, 돼지, 닭, 오리 등 "식용"으로 사육되는 육지동물과 광어, 고등어, 골뱅이, 참치 등의 바다동물이 포함됩니다. 실험동물에는 쥐, 개, 원숭이, 닭 등의 동물이 있고요. 모피동물은 주로 밍크와 여우를 떠올리지만, 소가죽, 양가죽 등 다양한 상품이 인간동물의 일상에 자연스럽게 스며들어 있습니다.

전시동물은 동물원의 육지동물과 "씨월드"라고 불리는 전시장, 수족관의 바다동물이 있죠. 오락동물에는 투견과 경주에 이용되는 개, 경마에 이용되는 말, 투계에 이용되는 닭, 로데오에 이용되는 소, 드라마나 영화에 이용되는 "연기동물" 등이 포함됩니다. 이외에도 한약 등 전통약재로 쓰이는 동물, 곰 쓸개즙 등 보신용으로 쓰이는 동물, 수렵의 대상이 된 멧돼지와 노루 등 야생동물, 종교의식에서 제물로 쓰이는 동물, 치료를 위해 쓰이는 동물들이 인간동물에 의해 착취당하고 있습니다.

마지막으로 "애완동물"은 보통 비인간동물을 학대하고 착취하는 분야에 포함되지는 않지만, 어떠한 이유에서든 개와 고양이의 자연권을 박탈하고 인간에게 길들도록 만든다는 점에서,

그리고 분실, 유기, 안락사를 통해 학대당하는 생명체라는 점에서, 저는 "애완동물" 역시 비인간동물에 대한 학대와 착취 분야에 넣었습니다.

반려동물, 동반자일까 '언어적 환상'일까

"애완동물"이라는 표현을 보고, '왜 반려동물이 아니고, 애완동물인가?'라는 의문을 가질 수도 있습니다. 저 역시 17년의 세월을 함께 보내는 강아지 형상의 딸과 아들인 투투와 비비를 "애완동물"이 아닌 "반려동물"로 생각하고 있습니다. 다만 이 글에서 "애완동물"이라고 표기하는 이유는, 우리가 "반려동물"이라고 새롭게 이름 붙인다 하여도 변하지 않는 진실이 있다고 생각하기 때문입니다.

애완(愛玩)이란, 비인간동물이나 물품을 인간동물 곁에 두고 귀여워하거나 즐기는 상태를 의미합니다. 완(玩)은 '장난하다, 희롱하다, 놀다'의 뜻이죠. "애완동물"인 비인간동물은 물건과 동급이며, 인간동물의 기쁨을 위해 존재하는 생명체가 되는 것입니다. 그래서 많은 사람들이 "애완동물"이라는 개념 대신 "반려동물"이라는 새 개념을 만들어 쓰고 있죠.

"반려동물"은 1983년에 오스트리아 빈에서 개최된 '인간과 애완동물의 관계' 심포지엄에서 처음 제안된 개념입니다. 개, 고양이 등 비인간동물의 지위를 인간동물과 더불어 살아가는 동반자와 가족의 지위로 끌어올린 것입니다. 그래서 실제로 반려동물의 지위를 가족이나 동반자로 생각하고 반려동물과 삶을 함께하는 사람들이 많이 늘었습니다. 저 역시 그중 한 명이지요.

그런데도 변하지 않는 진실이 있습니다. 비인간동물은 자신의 의지와 상관없이 인간동물의 소유물이 되고, 인간동물의 보호와 관심 속에서만 생존할 수 있다는 점이 그렇습니다. 만일 법적 소유주이자 가족인 인간동물이 변심하거나 경제적 상황이 악화되어 비인간동물을 보호할 수 없다면, 비인간동물은 그대로 버려질 수밖에 없습니다.

또 비인간동물의 지위가 "반려동물"일지라도, 인간동물은 비인간동물의 행동반경과 먹어야 할 음식의 종류와 양, 활동의 내용과 범위, 심지어 생존 기간을 조정하고 지배할 수 있습니다. 인간동물과 "반려동물"의 불평등한 관계를 보여주는 예지요.

할 헤르조그라는 학자는 "인간동물들이 비인간동물을 반려동물이라 명명하는 것은, 동거하는 동물이 소유 대상이 아닌 듯 보이게 포장하는 언어적 환상에 불과하다"고 지적합니다. 저는 개념을 새롭게 만들고 사용하는 것이 "언어적 환상"에 불과하지만은 않다고 생각합니다. 새로운 개념을 만들어 관계를 재정립하는 일도 중요하지요. 동시에 새로운 개념이 등장함으로써 '실제로 권력 관계를 해소할 수 있는지' 묻는 것도 중요합니다.

몸 하나 겨우 들어가는 지옥에 평생 갇혀

지금부터 농장동물, 실험동물, 모피동물, 전시동물, 애완동물에 대한 학대와 착취 문제를 간략하게나마 들여다보려 합니다. 그런데 인간동물 역시 동물이지요. 인간동물이 비인간동물을 학대하고 착취한 결과는 또 고스란히 인간동물에게 되돌아옵니다. 이런 의미에서 저는 인간동물을 포함한 전체 동물의 피해에 관해 이야기하고자 합니다. 먼저, 농장동물과 실험동물에 관해 소개하겠습니다.

세계적으로 사육되는 "가축"은 세계인구의 10배인 6백억 마리로 추정됩니다. 1961년에 7천1백만 톤의 "고기"를 소비한 인류는 2007년에 2억8천4백만 톤을 식용으로 소비했습니다. 이 통계는 바다동물을 제외한 결과니, 양식 등의 생산 시스템으로 키워지는 바다동물 수를 고려하면 공장식 생산 방식으로 희생되는 비인간동물의 수는 몇 배에 달하겠지요.

공장식 축산은 공장에서 빠른 속도로 자동차를 찍어내듯 소, 돼지, 닭 등 농장동물을 공장식으로 빠르게 찍어 냅니다. 공장식 축산업이 도입되어 생산력이 증대되면서, 이러한 시스템은 소비자로 하여금 더 많은 고기를 더 빠르고 더 값싸게 소비하도록 유도했으며, 소비가 증대될수록 공장식 축산법으로 길러지고 도축되는 농장동물의 수도 증가하고 있지요. 과잉 생산과 과잉 소비의 연쇄 반응이 또다시 과잉 생산과 과잉 소비를 부채질하는 형국입니다.

돼지는 많은 사람들이 가진 편견과 달리, 매우 영리하고 예민한 동물입니다. 자연 상태에서 돼지는 집단생활을 하며 하루 최대 50Km 가까운 거리를 이동한다고 합니다. 출산 예정인 돼지는 출산 장소를 찾기 위해 10Km를 이동하기도 하고요. 그러나 공장식 축산업 속에서 돼지는 태어나자마자 꼬리와 송곳니를 절단당하고, 몸 하나 겨우 들어가는 좁은 철제 공간에 갇혀 평생을 살다가 도축됩니다. 출산을 한 돼지는 새끼들과 철저하게 분리 수감되고, 출산 후 다시 철제 독방으로 이송됩니다.

우유 생산을 위해 항상 임신상태에 있는 젖소

소도 돼지의 신세와 다르지 않습니다. 공장식 축산업 속에서 소 역시 철재로 만든 몸 하나 겨우 들어갈 만한 크기의 독방에 감금됩니다. 소의 자연수명은 20년가량이지만, 공장식 축산업 속에서는 길어야 4년이라고 합니다. 젖소는 인간동물이 마시는 우유를 생산해내느라 끊임없이 임신 상태에 있어야 합니다.

동물권에 관심을 두고 공부하기 전에는 우리가 먹는 우유가 만들어지기까지의 과정을 생각해 본 적이 없습니다. 어느 날, 젖소가 우유를 만들어내기 위해 평생 출산과 임신을 반복하며 살아야 한다는 사실을 알고 깜짝 놀랐습니다. 우유를 최대한 생산하려고 젖소에게 유전자 조작 성장호르몬 주사를 투여합니다. 우유를 만들어내기 위해 종신토록 강제 임신 상태로 있어야 하는 젖소는 출산 후 새끼들과 분리 수용되며, 4년 후 도축되어 식용 분쇄육으로 사용됩니다.

돼지든 소든, 철제우리 안에 갇혀 평생을 보내야 하는 농장동

043

물이 할 일은 먹고 싸는 것뿐이지요. 고개를 돌리거나 몸의 방향을 바꾸는 일조차 쉽게 허락되지 않습니다.

전 세계에 사육되는 산란계의 수는 약 47억 마리인데 그중 70~80%는 상자형 닭장에서 사육됩니다. 상자형 닭장은 A4 용지만 한 크기로, 한 상자 안에 평균 6마리 닭이 감금됩니다. 산란계는 1년 동안 감금된 채 달걀을 생산하는 도구로만 사용되다가 1년이 지나면 도축되지요. 자연 상태에서의 수명은 10년 정도인데, 오늘날 닭의 수명은 7, 8주에 불과하다고 합니다.

산란계가 낳은 암탉은 신경조직이 가득한 부리를 절단당하며, 수컷은 탄생 직후 그대로 분쇄됩니다. 축산학자들은 오랜 연구 끝에 수억 마리의 수평아리를 가장 인도적이고 효율적으로 죽이는 방법으로 고속 분쇄법을 만들어냈습니다. 수평아리는 태어나자마자 산 채로 분쇄 기계를 통과하여 비료나 또 다른 닭의 사료로 이용된다고 합니다. 현대의 육계는 1950년대의 닭보다 3분의 1밖에 되지 않는 양의 먹이를 먹지만, 성장 속도는 세 배나 빠릅니다.

의약품, 샴푸, 색소 개발… 수많은 동물실험

미국 농무부가 발행한 1988년 보고서를 보면 약 14만 마리의 개, 4만2천 마리의 고양이, 5만 마리의 원숭이, 43만 마리의 모르모트, 33만 마리의 햄스터, 46만 마리의 토끼, 그리고 17만8천 마리의 야생동물 등 1백63만여 마리의 동물이 실험에 사용되었습니다. 이 보고서에서 발표한 동물 수는 총 사용 동물 수의 약 10%만 포함되어 있으며, 이 모든 수치에는 동물실험에 사용되는 쥐와 생쥐의 수는 포함되어 있지 않습니다.

농림수산검역검사본부가 발표한 자료에 따르면, 2010년 기준 한국의 실험동물은 약 143만8천 마리에 이릅니다. 저는 국내에서 발표된 1945년~2011년까지 석·박사 학위논문 중에서 동물 생체실험 논문을 수집, 분석해보았는데요. 그 수가 약 1천2백 편입니다. 이 수치는 동물세포 실험, 원생동물 실험, 초파리 실험 그리고 바다동물 실험을 제외한 것으로, 이 실험들까지 다 포함하면 동물 생체실험 논문 수는 약 3천 편에 이를 것입니다.

1945년부터 2011년까지 석·박사 학위논문을 위해 주로 사용된 실험동물은 쥐, 병아리, 닭, 개, 고양이, 다람쥐, 돼지, 오리, 토끼 등이 있고요. 붕어, 이스라엘 잉어, 누에, 개구리, 두꺼비, 굴, 게, 소금쟁이, 피조개, 꿀벌, 뱀, 송사리, 나방, 거머리, 지렁이, 개불, 지네, 모기, 달팽이, 불가사리 등도 포함되어 있습니다. 이것은 학위 취득을 위한 동물실험에 관한 수치일 뿐이며, 학회논문 등 연구논문이나 의학적, 산업적 이유로 시행하는 연구까지 포함한다면 그 수는 몇 배에 달할 겁니다. 연구자가 원하는, 혹은 예상하는 결과를 얻기 전까지 사용된 동물의 수를 고려하면 그 수치는 더욱 높아지겠지요.

동물실험의 목적은 대부분 인간동물의 수명 연장과 건강 증진을 목표로 한다고 알려져 있습니다. 그러나 비인간동물을 이용한 실험의 결과가 인간에게도 적용될 확률은 5~15%에 불과하고, 비인간동물을 이용한 실험의 결과를 바탕으로 한 인간동물의 사망 감소율은 1~3.5% 정도에 그친다고 합니다. 미국 식품의약국(FDA)에서는, 동물실험을 통해 안정성과 효과가 입증된 약품의 92%는 인체에 전혀 효과가 없거나 위험하기까지 하다고 밝힌 바 있습니다.

〈동물자유연대〉에 따르면, 동물실험 결과를 통해 판매가 허용된 소수의 약품도 차후 인체에 나타난 부작용으로 인해 판매가 중단되는 경우가 많다고 합니다. 인간동물의 평균 수명을 늘리는 데 크게 기여하지 않는 동물실험을 위해 수많은 비인간동물이 제물로 바쳐지고 있습니다. 모든 동물실험이 인간동물의 건강과 생명 연장의 꿈을 위해 이루어지는 것도 아닙니다. 수많은 비인간동물이 상업적 목적에 이용당하고 있죠. 화장품과 샴푸, 색소, 광택제 등 신제품을 개발하는 데 동물실험이 자행되고 있습니다.

이 외에도 연구 실적을 올리거나 단순한 지적 호기심을 충족하기 위해 동물실험이 행해지고 있습니다. 쥐들이 수면 부족 상태에서 어떻게 행동하는지 확인하기 위해 33일간 잠을 재우지 않는 실험이라든지, 막 태어난 쥐의 앞다리를 절단하고 그 뒤에도 정상 상태의 쥐가 하듯 몸단장을 하는지 확인하는 실험, 수컷 쥐를 굶긴 뒤 성적 행동에 변화가 나타나는지 관찰하는 실험, 태어난 지 10일 된 고양이의 눈을 꿰매 눈을 뜨지 못하게 한 후 기력 상실이 미치는 영향을 확인하는 실험 등이 그것입니다.

국내 학위논문에서도 이와 유사한 사례를 발견하기 어렵지 않습니다. 학위를 취득하기 위한 논문 중 청량음료가 비인간동물에 어떤 영향을 미치는지 투여 관찰하는 실험, 마취하지 않은 비인간동물을 대상으로 실험할 때 나타나는 심맥관계 반응 연구, 발광 특성을 보이는 화학물질을 마취하지 않은 동물에게 투여한 후 심혈관 기능의 변화 반응 연구, 지속적인 전기 자극을 받은 비인간동물의 세포능 변화 반응 연구, 소음의 양을 증폭시킬수록 나타내는 동물의 반응 연구 등이 있습니다.

현대의 동물실험을 살펴보면 이미 알려진 정보나 지식을 확인하기 위한 실험, 반드시 비인간동물을 대상으로 하지 않아도 얻을 수 있는 정보와 지식을 검증하는 실험, 동물실험의 결과를 비인간동물에게 적용할 수 있는지 의심스러운 상황에서도 강행되는 실험을 포함하여 학위 취득과 연구 실적을 쌓기 위한 실험이 계속되고 있습니다.

인간의 필요라는 이유 하나로

농장동물, 실험동물이 처한 현실을 살펴보는 이유는 이렇습니다. 인간동물이 비인간동물을 활용하는 게 사실인 이상, 인간동물은 필요라는 이유로 얼마나 많은 비인간동물이 살해되는지 정도는 알아야 한다고 생각합니다. 인간동물의 생명 연장을 위해 원치 않는 고통과 죽음을 당해야 하는 생명체의 현실을 직시

해야 합니다. 지금 이 순간에도 수많은 비인간동물이 인간동물의 건강과 혀의 만족을 위해 감금되고 학대당하고 죽어갑니다.

실제 벌어지는 고문과 살해의 현실을 우리는 너무 오랜 시간 모르고 지냈습니다. 뭔가 불편한 마음이 들 때도 있지만, 모른 척 지나칠 때가 더 많았지요. 필요에 의한 행위든, 만족이나 행복을 위한 행위든, 그것은 인간동물의 필요와 만족, 행복을 위한 행위지 비인간동물을 위한 행위가 아닙니다. 이 사실을 부정하거나 회피해서는 안 됩니다.

인간동물이 비인간동물을 사용하는 일에 대해 사회적, 윤리적 논쟁을 하기 전에, 우리는 종종 '희생'으로 묘사되곤 하는 비인간동물의 처참한 현실을 바로 들여다보려고 애써야 합니다. 비인간동물이 처한 현실을 외면한 채 동물권에 관해 논의하는 것은 의미가 없습니다. 그런 논의는 비인간동물에게 가 닿지 못하고, 허공을 맴돌다 사라질 테니까요.

비인간동물이 처한 현실을 이해하는 과정에서, 우리 스스로에게 던져보면 좋을 몇 가지 질문이 있습니다. 인간동물은 반드시 육식을 해야 하는 동물인가? 혹은 이렇게까지 과도하게 육식을 해야 하는 동물인가? 인간동물의 육식을 위해 고통받다 살해당하는 비인간동물의 환경과 수명에 관심을 갖는 일은 어떤 의미가 있는가? 인간동물의 생명 연장의 꿈, 어떻게 볼 것인가? 신제품을 만들기 위해 자행되는 동물실험은 필요악인가?

이와 같은 질문을 모피동물, 전시동물, 애완동물 그리고 인간동물에 대해서도 던질 수 있습니다. 예컨대 동물의 피부와 털로 만든 옷을 입어야만 할 만큼 추운가? 대체할 소재가 발견되지 않았나? 비인간동물을 전시하는 일의 의미는 무엇인가? 반려동물은 애완동물이 아닌가? 동물해방의 '동물' 속에 과연 인간은 포함되어 있지 않은가?

　누군가에겐 낯설고 불편한 질문일 수 있습니다. 하지만 인간동물에게 착취당하고 살해당하는 비인간동물을 생각하는 마음과 의지가 있다면, 반드시 몇 번이고 물어야 할 질문이기도 합니다.

　다음 글에서는 모피동물, 전시동물, 애완동물 그리고 인간동물의 현실을 짚어보도록 하겠습니다. 더 많은 질문을 함께 던져보길 희망합니다.

05

가죽을 두르고,
　동물원을
찾는
사람들

외투, 이불, 운동화, 벨트, 가방에 희생되는 동물들

이 글에서는 모피동물, 전시동물, 애완동물 그리고 인간동물이
처한 현실을 살피고자 합니다. 여러 질문을 떠올리며 함께 읽어
주시면 좋겠습니다.

　모피동물이라 불리는 비인간동물의 문제부터 시작해보죠. 여
우 모피를 이용해 모피코트 한 벌을 만들려면 11마리의 여우가
필요합니다. 밍크코트 한 벌에는 밍크 45마리에서 무려 2백 마
리가, 친칠라 모피코트를 만들려면 친칠라 1백 마리가 털과 피
부를 내어줌과 동시에 죽어간다고 합니다. 모피라고 하면, 사람
들은 대부분 비인간동물의 털만 떠올립니다. 그러나 조금 더 깊
이 생각해보면, 모피는 피부와 피부에 달린 털을 모두 의미한다

는 것을 알 수 있죠. 털을 이용하려면 해당 비인간동물의 피부까지 벗겨내야 합니다.

아직도 한국의 개식용 문화로 희생당하는, "식용견"이라 불리는 개들의 사육 환경과 모피동물의 사육 환경은 유사합니다. 세계 모피의 75% 이상은 특정한 사육 시설에서 생산되고 있어요. '공장식'이죠. 인간동물의 무자비한 포획으로 비인간동물 개체수가 줄어들자, 인간동물은 20세기 초부터 모피용 비인간동물을 사육하는 시설을 건설했다고 합니다.

모피동물 역시 평생을 좁은 우리 안에서 보내야 하죠. 인간동물이 취할 것은 "고기"가 아니라 모피이므로 음식과 물 등을 원활하게 제공하는 일이 드물다고 합니다. 모피동물에게 털 성장을 촉진하는 호르몬을 주입하고, 먼저 죽어간 동종 비인간동물의 사체를 음식으로 제공하기도 합니다. 그만큼 사육 환경이 처참하다는 이야기지요.

어떤 종류의 모피를 생산하든, 모피용 동물의 사육 환경과 사육 방식은 잔혹합니다. 그나마 평화로운 사육 환경에서 지낼 것같은 양조차 파리가 꼬이는 문제 때문에 '뮬징'(mulesing)이라는 방법을 쓴다고 해요. 양의 다리 뒤쪽과 둔부의 살점을 마취제나 진통제 없이 잘라내, 주름 잡힌 부분을 없애는 방법입니다. 꼬리를 잘라내는 것은 필수이고요.

대부분의 밍크는 목을 부러뜨려 죽입니다. 중국 모피공장 등 일부 공장에서는 살아있는 밍크의 피부와 털을 칼로 벗겨내기도 합니다. 밍크 모피를 얻으려고 중국에서 어떤 방식으로 밍크를 대하는지 유튜브 동영상으로 본 적이 있습니다. 그날 처음으로 밍크라는 동물이 어떻게 생겼는지 알았죠. 지금까지 밍크라는 생명체가 어떤 모습인지도 알지 못한 채 살아왔습니다. 관심이 없었다는 표현이 더 정확하겠네요.

영상 속 사육 농가의 인간동물은 밍크를 철장에 가둬 키우다가 꺼내 뒤집어 들고 밍크의 머리를 땅으로 내려쳤습니다. 밍크들은 고통스러운 신음을 냈고, 인간동물은 살아 있는 밍크의 피부를 칼로 베어냅니다. 그리고는 온몸이 붉은 핏덩이로 변한 밍크를 바닥의 한쪽 구석에 던져버립니다. 피부와 털이 벗겨지고 피 흘리는 밍크가 언덕을 이룰 만큼 쌓였고, 그곳에서 밍크들은 비명을 지르고 있었습니다.

모피동물이라고 하면 주로 여우나 밍크를 떠올리지만, 인간동물이 사용하는 모피 제품의 종류는 다양하며 일상에 자연스럽게 스며있습니다. 운동화, 구두, 벨트, 지갑, 핸드백, 가방 등 많은 일상용품이 소가죽, 돈피 등 비인간동물의 가죽을 이용해 만든 제품입니다. 겨울용 필수품이 된 오리털 패딩, 거위털 패딩은 물론, 양모 이불, 구스다운 이불도 모피를 이용한 제품이죠. 그리고 언제부터인지 라쿤의 모피가 대유행해서 지금은 라쿤털 장식 안 달린 겨울용 외투를 찾기가 어려울 지경입니다.

우리는 동물원에서 무엇을 보고 느끼나

전시동물에는 육지동물만 있는 게 아니라 수족관 등에 전시되는 바다동물도 있지요. 전시되는 바다동물에 관한 문제는 이후에 다루도록 하고, 지금은 육지동물에 한정해 살펴보기로 해요.

동물원은 19세기 초 영국에서 처음 등장했다고 합니다. 초기 동물원은 인간의 자연 지배와 식민지 지배를 상징하는 시설이었습니다. 오늘날 연간 1억 명 이상이 1만 개소의 동물원을 찾는다고 합니다. 인간동물은 동물원을 아이들을 위한 교육 장소나 휴식 장소로 여기는 경향을 보입니다. 야생에서, 자신의 고향에서 살아야 하는 비인간동물을 한 장소에 몰아넣고 우리가 아이들에게 전달하고 싶은 메시지는 무엇일까요? 우리는 어린 시절에, 혹은 어른이 되어 데이트 코스로 종종 찾은 동물원에서 무엇을 느끼고 배웠습니까?

체험학습이라는 이름으로 열리는 행사 가운데 비인간동물이 감금된 공간을 찾은 어린이들이 직접 비인간동물을 만지고 먹이를 주는 프로그램이 많습니다. 사실 어린이들에게 특정 비인간동물의 모습을 알려주고 싶다면, 사진이나 동영상 자료로 충분히 전달할 수 있습니다. 직접 만지고 먹이를 주는 프로그램을 실행해선 안 되는 이유를 가르치는 것이 더 '교육적'이지 않을까요? 감금된 채 체험학습의 수단이 되어 인간동물에게 끊임없이 몸을 내줘야 하는 비인간동물의 마음은 얼마나 지치고 고통스러울까요? 비인간동물과 인간동물이 처한 상황을 반대로 두고 상상해보면, 그 고통의 크기를 가늠할 수 있을 것입니다.

국내의 많은 지역 동물원은 매우 더럽고 좁은 공간에 비인간동물을 가두어 놓고 '동물원'이라며 장사하고 있습니다. 그나마 상식이 있는 동물원 운영자는 동물을 좁고 더러운 우리에 가두어 전시하지 않습니다. 그 이유 또한 비인간동물이 아니라 인간동물을 위한 것입니다. 인간동물은 동물원을 찾을지언정 좁고 더러운 우리 안에 갇혀 병들거나 신음하는 비인간동물을 마주하고 싶어하진 않으니까요. 넓고 깨끗한, 그리하여 편안하고 행복해 보이는 동물들을 보고 싶어하지요.

그런데 열대 지역에서 살아야 하는 비인간동물이 혹독한 추위를 견뎌야 하는 한국에서 얼마나 행복할 수 있을까요? 한국의 무더운 여름을 견뎌야 하는, 극지방에서 살았어야 할 비인간동물은요? 몇 해 전 모 동물원에서 〈다양한 야행성 동물을 볼 수 있는 나이트·라이트 행사〉를 개최했습니다. 동물원 측에서 밤에 활동하는 비인간동물을 만나기 위해 라이트 가득한 야간의 동물원을 찾으라고 한 거죠. 수많은 인공 불빛으로 낮이 되어버린 밤의 동물원에서, 야행성 동물들은 얼마나 행복할까요?

디지털 동물원으로도 충분하지 않을까

인간동물은 동물원 속 비인간동물의 삶과 그 형태를 결정합니다. 동물원 업주나 사육사들이 결정하겠지요. 이동할 수 있는 장소의 범위, 날 수 있는 높이와 너비, 음식의 종류와 양, 파트너까지도 인간동물이 결정합니다. 동물원 속 비인간동물은 '정형행동'이라 불리는 반복행동을 자주 보입니다. 코끼리가 몸을 앞뒤로 흔들고, 곰이 숫자 '8' 모양으로 움직이고, 원숭이가 끊임없이 오르내리고, 돌고래가 끝없이 동그라미를 그리며 헤엄치는 모습 등이 정형행동입니다. 동물원에 들른 인간동물들은 이런 반복행동을 하는 비인간동물을 어렵지 않게 만날 수 있죠. 그러나 이는 정상적인 행동이 아닙니다.

인간동물이 비인간동물을 위해 야생의 환경과 아무리 유사하게 공간을 조성하였다고 해도 그곳은 야생의 자연환경이 아닙니다. 끝없이 자유롭게 이동하고 활동해야 하는 수많은 동물이 좁고 한정된 공간에서 무료하고도 피곤한 일상을 보내며 스트레스를 받습니다. 폐쇄된 동물원에서 비인간동물이 비정상적 행동인 정형행동을 보이는 것은 안타깝지만, 당연한 일입니다. 비정상성의 정상화라고나 할까요.

종종 이런 상상을 합니다. 마을마다 쉽게 찾을 수 있는 디지털 동물원이 들어선 거요. 입장료를 내고 들어서면, 3D 입체영상으로 야생의 자연환경과 그 안에서 자유롭게 생활하는 비인간동물을 만날 수 있는 공간이지요. 야생에서 하염없이 걷고 또 걷기를 좋아하는 코끼리를 보여주기 위해 좁은 공간에 코끼리를 가두어 놓는 게 아니라, 입체 비인간동물 체험관 같은 곳에서 입체영상으로 생동감 있는 비인간동물의 모습을 전달해주는 것이지요.

인간동물은 이미 달에도 갔고 2030년이면 화성에도 갈 수 있다고 합니다. 왜 그토록 자연환경과 우주의 환경을 있는 그대로 두지 못하는지 알 길이 없지만, 어쨌든 인간동물의 기술력은 정말 대단합니다. 이런 기술력을 디지털 동물원 만들기 같은 좋은 일에 잘 썼으면 합니다.

몇 년 전 굉장한 소식을 접했습니다. 코스타리카 정부가 동물원을 없애기로 했다는 내용이에요. 이런 결단을 내린 이유에 대해 코스타리카 환경부 장관은 '동물을 풀어주기로 결정한 것은 인간의 입장에서는 보호 정책일 수 있지만, 결국 어떤 형태의 감금도 옳지 않다는 판단 때문'이라고 설명했습니다.

환경단체를 비롯하여 〈동물자유연대〉, 〈동물권단체 케어〉, 〈동물권행동 카라〉 등 국내 동물권·동물보호 단체도 전시동물에 관한 다양한 운동을 전개해왔습니다. 〈동물을 위한 행동〉은 동물원 이슈에 초점을 맞춰 활동하고 있지요. 우리나라에서 당장 코스타리카와 같은 미래를 기대할 순 없겠지만, 국내 단체들의 노력과 많은 사람들의 관심 속에 차차 상황이 개선되리라 기대합니다.

돼지는 애완동물로 적합하지 않다?

개와 고양이를 비롯한 모든 애완동물은 본성대로 살지 못합니다. 애완동물의 생활환경, 이동 거리, 음식의 종류, 임신·불임 여부, 신체 일부의 절단 여부 등 생과 사에 걸친 대부분의 것이 애완동물로 살아가는 비인간동물의 의지와는 거리가 멉니다.

'반려동물'과 인간동물이 나눈다는 감정 교류 역시 인간동물 중심입니다. 보통은 애완동물과 인간동물 간 감정 교류를 자연스러운 것으로 치부하지만, 실상 감정 교류를 필요로 하는 쪽은 애완동물보다 인간동물이지요. 인간동물은 비인간동물과의 감정 교류의 형식과 내용에 관한 결정권 역시 일방적으로 소유하고 행사합니다. 모든 선택권과 결정권은 오직 인간동물에게 있습니다. 애완동물들은 모든 자유가 박탈된 상태입니다.

'동물의 권리'를 고려하면 이런 '애완동물' 문제를 비판하는 것은 당연합니다. 애완동물의 문제 역시 농장동물이나 실험동물과 같은 선상에 두고 생각해볼 여지가 있습니다.

특정한 범주의 애완동물에 대한 인간동물의 관심과 기대는 제한적입니다. 어떤 동물은 애완동물로 적합하고, 또 어떤 동물은 애완동물로 적합하지 않다는 이중 잣대를 지니고 있지요. 동물을 인간동물과 비인간동물로 철저히 이분화하는 것과 마찬가지로, 비인간동물을 또다시 애완용과 비애완용으로 이분화하는 것입니다.

미국에서 돼지를 애완동물로 키우던 사람들이 주민들로부터 집단소송을 당했습니다. 돼지는 애완동물로 적합하지 않은 혐오스러운 동물이라는 이유에서였습니다. 이 사건이 보여주는 것은 개와 고양이는 애완동물로 적합하지만 돼지나 닭 등은 적합하지 않다고 여기는 사람들이 많다는 사실이겠지요.

『'동물'에 반대한다』의 저자 에리카 퍼지는 인간동물이 비인간동물에 대해 느끼는 호감과 사랑은 필연이 아니라고 말합니다. 이분화에 익숙한 인간동물이 동물을 애완동물로 활용할 수 있는 동물과 아닌 동물로 이분화하며, 비인간동물 간 위계를 조작하고 생산하고 있습니다. 인간동물 중심적이고, 자의적이지요.

애완동물로 대표적인 개와 고양이의 사육을 위해서, 인간동물은 수많은 공장식 축산업의 피해 동물을 소비합니다. 애완동물의 사료와 간식은 보통 도살장에서 나온 '폐기 동물'로 만들어진다고 해요. 도살장에서 사라진 비인간동물에 관해서는 나중에 생각한다 쳐도, 인간동물이 쓸 수 없는 상태의 폐기 동물로 만든 사료와 간식이 애완동물의 건강에 좋을 리 없습니다.

동물병원에 가면 온통 개와 고양이를 위한 동물성 사료와 간식으로 가득합니다. 양고기, 닭고기, 오리고기, 소고기, 돼지고기, 캥거루고기 등 종류도 다양합니다. 나의 개와 고양이를 위해 양이나 소 등 다른 비인간동물을 사용하는 데 주저함이 없지요. 심지어 개와 고양이를 위한 건강식품으로 녹용을 권장하는 동물병원도 많습니다.

애완동물 시장 규모와 비례하는 유기동물의 수

유기견은 이미 우리 사회에서도 큰 문제로 부각되고 있습니다. 국립수의과학검역원에 따르면, 2008년 1년간 한국에서 발생한 유기동물 수는 7만7천877마리이며 그중 30.9%인 2만4천35마리가 안락사(살처분)당했고, 15.9%인 1만2천395마리가 자연사

했다고 합니다. 버려진 동물 두 마리 중 한 마리가 죽임을 당했다고 볼 수 있습니다.

그런데 동물권·동물보호 단체들은 실제 유기동물 수는 공식 집계의 몇 배가 된다고 봅니다. 애견 인구는 1천만을 넘어섰고, 한 해 발생하는 유기동물의 수가 12만을 넘어서고 있습니다.

우리는 이제야 버려지는 개와 고양이 문제에 관심을 조금씩 보이고 있습니다. 인간동물은 대부분 날로 규모가 확대되는 애완동물 시장 뒤에 숨은 교배업소 속의 '품종 있는 개들'의 삶을 상상해본 적이 없지요. 좋은 품종의 개가 인기를 끈다는 것은, 임신과 출산의 기계로 전락해 좁고 더러운 철장에 평생 갇혀 살다가 개소주로 생을 마감하는 '품종 좋은 개의 어미와 아비'가 있음을 의미합니다.

버려지는 개를 구조하는 데 국가가 전면에 나서서 책임지는 시스템도 아닙니다. 버려진 개를 구조하는 일이나, 이후 모든 상황을 구조자 개인이 책임지고 있습니다. 유기동물을 구조하고도 시보호소에 입소시키지 못하는 이유는 '안락사'라는 이름의 살처분 때문이지요. 버려진 개를 보호하는 수많은 사설 보호소 속의 개들은 대부분 평생을 그 좁은 공간에서 살다 생을 마감해야 합니다.

인간동물은 작고 예쁜 아기 강아지나 고양이를 좋아하지, 나이 들어 버림받고 보호소에 갇혀 고생하는 다 큰 개나 고양이에게는 별 관심이 없습니다. 물론, 사설 보호소를 지켜내며 수십 마리에서 수백 마리에 이르는 유기견, 유기묘의 생계를 책임지는 인간동물에 관해서도 아무 관심이 없습니다. 이렇게 비인간동물의 문제는 다시 인간동물의 책임과 역할 문제로 되돌아오고 마는데도 말이지요.

개와 소는 클래식 연주나 인기 가수의 노래에 별 관심이 없을 것입니다. 개와 소를 위한다는 콘서트는 아마도 개와 소를 소유한 인간동물을 위한 콘서트일 가능성이 높습니다. 애완동물을 키우는 인간동물의 인구가 급증하는 현실에서, 우리가 집중해야 할 문제는 인간동물의 이기심 때문에 희생당해온 비인간동물의 문제를 해결할 수 있는 작고 큰일을 찾아보는 게 아닐까 합니다.

개와 고양이 매매를 금지한 외국의 선례들

저는 개와 고양이 '매매 금지' 운동에 관심이 있습니다. 장기적으로 보고 관련 활동을 해나갈 계획입니다. 다소 황당해 보이는 계획일 수 있습니다만, 미국의 다음 사례들을 보면 아예 불가능한 일도 아니겠다고 생각합니다.

미국 어바인시(City of Irvine) 의회는 2011년 10월, 애완용 개와 고양이 매매를 금지시키고 로데오나 서커스 공연을 위한 매매를 포함하여 외국산 희귀동물의 매매를 금지하는 동물복지법안을 통과시켰습니다. 어바인시 내 동물 소매상은 2012년 10월까지만 매매가 가능했고, 현재는 금지된 상태입니다.

이와 비슷한 법안은 대너포인트(City of Dana Point), LA, 텍사스,

미주리, 오하이오, 헐리우드 등에 마련되어 있습니다. 헌팅턴비치(Huntington Beach)는 1~2년의 유예 기간을 두고 동물 매매 금지를 실행하기로 한 상태이고, 샌클레멘티(San Clemente)는 시의원들의 반대로 부결된 상태입니다만 시간이 흐르면 가결될 가능성이 높다고 전망되고 있습니다.

LA시는 개와 고양이를 상업적으로 집단 사육하는 퍼피 밀(Puppy Mill)과 키튼 밀(Kitten Mill)을 통한 매매가 빈번한 만큼, 버려지는 동물의 수도 많은 지역이었습니다. 미국의 불경기가 지속되면서 경제적인 부담을 느낀 이들이 개와 고양이를 버리는 비율이 높아지는 가운데, LA시에서는 매해 유기견과 유기묘가 6만여 마리에 육박했습니다.

이에 LA시는 2012년 10월 31일에 "애완동물의 상업적 판매를 전면 금지하는 조례안"을 확정하여, "애완견, 애완묘 공장"인 퍼피 밀과 키튼 밀의 영업과 '펫샵 판매'를 규제하기 시작하였다고 합니다.

라구나비치(Laguna Beach)시의 경우는 굉장합니다. 라구나비치시 안에는 개와 고양이를 애완용으로 판매하는 소매점이 들어와 있지 않습니다. 시 외부의 동물 판매업자들이 여러 차례 들어오려고 했으나, 지역 동물보호단체 활동가들이 입점을 막아냈다고 하지요. 그런데도 라구나비치시는 2012년 5월 "상업적으로 동물을 매매하는 행위를 금지하는 조례안"을 확정했는데, 이미 실시하는 동물 정책을 문서화하는 차원에서 이루어졌다고 합니다.

개와 고양이 매매 금지 법안을 마련한 대부분의 시에서 반려동물을 아예 구입할 수 없는 것은 아닙니다. 헐리우드는 유기견 보호소를 통한 입양만 가능하도록 법제화하였고, LA에서는 동물보호국이나 동물보호단체에서 구조 후 보호 중인 개와 고양이의 매매는 허용하고 있습니다.

최근 캘리포니아주에서는 유기된 동물만 매매할 수 있도록 하는 법이 제정되었습니다. 펫샵을 통한 동물 구입을 전면적으로 금지시키고, 오직 비영리 동물구조 단체를 통해서만 동물을 입양, 구입할 수 있도록 한 것입니다.

해외 사례들을 참고하여 더 늦기 전에 개와 고양이 매매를 금지하고, 유기견이나 유기묘만 구입할 수 있도록 제도를 마련하면 좋겠습니다.

o6

육식주의와
공장식 축산업이
불러온 대재앙
'식량과 환경 위기'

소규모 축산 농가를 죽이는 공장식 축산

애완동물의 문제가 결국 사람의 책임과 역할의 문제로 되돌아
오듯, 비인간동물에 대한 학대와 착취는 곧 인간동물에 대한 착
취로 이어집니다. 비인간동물에게 가혹한 '공장식 축산' 방식은
인간동물에게도 가혹한 시스템입니다. 공장식 축산업이 도입되
면서 소규모 축산 농가들이 몰락하고, 축산공장이 들어선 지역
의 환경은 오염으로 몸살을 앓으며, 열악한 환경의 공장식 축산
기업에 유입되는 노동자의 건강에도 문제를 일으키게 됩니다.

공장식 축산업 시스템은 소수의 다국적 거대 농축산 기업
의 지배하에 있지요. 미국에서는 단 4개의 기업이 육우 사업의
79%를, 캐나다 역시 2개의 기업(카길, IBP)이 육우 산업의 74%를

통제하고 있다고 합니다. 〈카길〉은 호주의 육우 산업도 상당 부분 차지하고 있으며, 〈콘아그라〉는 중국과 태국의 가금업 대부분을 지배하고 있다고 해요.

『가축이 행복해야 인간이 건강하다』의 저자 박상표에 따르면, 소수의 다국적 거대 농축산 기업은 세계에서 소비되는 소고기의 43%, 닭고기의 74%, 달걀의 68%를 공장식 축산 방식으로 생산, 제공하고 있습니다. 이들 기업은 곡물, 사료, 유통, 소비에 이르는 전 과정을 장악하여 막대한 수익을 창출하며, 나아가 공장식 축산 방식에 이용되는 농약, 화학비료, 항생제, 성장호르몬 등을 생산하는 업체와 거대한 이윤의 카르텔을 형성하고 있다고 합니다.

대기업 주도의 공장식 축산업이 도입되고 확장되면서, 자연 친화적 방식을 이용해 소규모 축산 농가를 이루던 마을 공동체는 공장식 축산 형태로 대체되고 있죠. 대기업 생산 제품, 공장식 축산업으로 생산되는 수입 축산물과의 가격 경쟁에서 실패를 거듭하고 있는 것입니다. 공장식 축산업 방식의 도입과 확대로 인해 소규모 축산 농가는 생존권을 박탈당하고 있습니다.

공장식 축산업으로 인한 환경오염, 건강 문제

또한 지역에 공장식 축산 시설이 들어서면 해당 지역의 새로운 환경 문제, 부동산 가치 하락 등의 피해가 불가피합니다. 『육식의 종말』을 쓴 제러미 리프킨과 『동물을 먹는다는 것에 대하여』

의 저자 조너선 사프란 포어는 미국 정육 포장산업에서 사고발생률이 전체 직업군 중 두 번째로 빈도가 높고, 공장식 축산업 내 노동자는 불법체류 이주노동자로 채워지고 있으며, 임금은 최저임금에 머물거나 못 미치는 수준이라고 설명합니다.

한국 상황도 그다지 다르지 않습니다. 〈국민건강을 위한 수의사연대〉에 따르면 2010년 말 기준으로 농축산업 비자를 발급받은 이주노동자는 9천849명이고, 해당 분야에서 일하는 이주노동자가 약 1만5천 명이라고 밝혔습니다. 이들 3명 중 1명은 불법체류 상태로 고용되었지요.

이 밖에도 공장식 축산업 현장 노동자에게 자주 발생하는 안질, 폐렴과 같은 질환과 도축시설 속에서 노동자들의 정서적, 정신적 질환 문제도 공장식 축산업의 주요 폐해로 거론되고 있습니다.

밀집 사육 시설에서 자라는 비인간동물들이 건강할 리 없습니다. 그래서 매해 구제역과 같은 질병이 생기고, 죄 없는 생명체들이 살처분되지요. 인간동물이 고안해낸 대책은 항생제 투여하기입니다. 비인간동물의 스트레스를 유발해 질병을 발병하게 하는 공장식 밀집 사육 환경을 개선하는 대신, 새로운 질병을 예방하고 치료하기 위해 끊임없이 새로운 항생제를 개발하고 투약하는 것이지요. 하지만 박테리아는 슈퍼 박테리아로, 슈퍼 박테리아는 슈퍼슈퍼 박테리아로 성장할 뿐입니다.

더 이른 시간 안에 잡아먹기 좋은 상태의 근육과 지방을 만들어내기 위해 인간동물은 비인간동물들에게 성장촉진 호르몬을 투여합니다. 닭가슴살이 대유행하니 닭의 가슴 부위의 근육을 성장시키는 호르몬을 투여하거나, 우유를 더 많이 생산하려고 젖소에게 산유 촉진 호르몬제를 투여하는 방식으로요. 그러면 그런 환경에 노출된 '고기'를 섭취하는 비인간동물에게, 항생제와 호르몬의 잔류물질이 고스란히 전달됩니다.

제러미 리프킨과 『생추어리 농장』의 저자 진 바우어는, 항생제의 잔류물질이 간혹 인간동물이 섭취하는 소고기에서 발견된다고 말합니다. 과도한 육식의 섭취는 인간동물의 항생제 내성을 강화시켜, 인간동물을 바이러스 등 질병 유전인자에 취약해지도록 만든다고 하지요.

인간동물에 의해 강제 임신과 출산이 반복되고, 태어나면서부터 좁고 열악한 환경의 감금생활을 하다 보니 비인간동물은 극도의 스트레스에 시달리고, 각종 항생제 투약으로 면역 체계가 질병에 취약해집니다. 공장식 축산업 속에서 취약해진 비인간동물의 면역 체계는 구제역, 조류독감 등 바이러스 감염에 그대로 노출되고, 이러한 신종 질병은 결국 인간동물에게 되돌아오고 있지요.

비단 미국이나 호주 등 특정 국가에 한정된 이야기가 아닙니다. 수입, 수출을 통해 세계 육류시장은 개방되었고 순환되고 있습니다. 이 과정에서 질병인자와 질병 발생 가능성 역시 순환되고 있죠. 이름하여 '질병의 세계화'입니다.

세계식량기구, 최고의 환경 위협 요인은 '축산업'

환경 위기를 부채질하는 가장 파괴적인 요인으로 육류 생산과 가공에 관한 문제를 들 수 있습니다. 특히 공장식 축산업이 그 핵심에 있습니다. 세계식량기구는 축산업을 최고의 환경 위협 요인으로 지목한 바 있습니다. 동물권 이론가인 멜라니 조이, 제러미 리프킨 등 많은 학자가 공장식 축산업을 공기와 물의 오염, 생물다양성 훼손, 토양 침식, 사막화, 삼림 파괴, 온실가스 배출, 담수 고갈의 주요 원인으로 분석하고 있습니다.

국제적인 식량 위기와 공장식 축산업을 기반으로 하는 육식주의 이데올로기와 육식 중심의 식문화는 밀접한 관계에 있습니다. 2011년 국제적십자사연맹(IFRC)이 발표한 「세계재난보고서」에 따르면, 세계 인구 중 약 9억2천5백만 명이 기아에 시달리는데, 이 중 5세 이하 아동이 1억7천8백만 명에 이릅니다. 국제적십자사연맹은 급등하는 곡물 가격과 식량 위기 등을 기아 인구 증가의 주원인으로 제시하고 있습니다.

주목할 점은 농경 지대에서 생산된 곡물의 70% 이상이 소의 사료로 공급되며, 세계 곡물의 3분의 1이 소, 돼지 등 가축 사육을 위한 사료로 이용된다는 사실입니다. 미국 곡물의 70%와 전 세계 곡물의 30%가 가축 사료로 사용되는데, 이 곡물의 양은 세계 10억 명 이상의 식량 문제를 해결할 수 있는 규모라고 합니다.

브라질에서 생산하는 대두의 대부분은 육류 생산을 위한 사료용으로 재배되고, 멕시코에서 생산하는 전체 곡물 생산량의 3

분의 1이 육류 생산을 위한 사료로 쓰이고 있습니다. 또 미국 서부는 물 부족이 심각한데도 가축에게 먹이는 물 사용량이 전체 물 사용량에서 부동의 1위를 차지하는 실정이라고 합니다.

박상표에 따르면, 한국은 쌀을 제외한 옥수수나 밀은 전량을 다국적기업으로부터 수입하고 있습니다. 2008년을 기준으로 국내 곡물자급률은 옥수수 0.9%, 밀 0.35%, 콩 7.13%에 불과하며, 국내에서 사용되는 대부분의 곡물은 수입 곡물입니다. 그 수입 곡물의 30%는 인간동물의 식용으로 사용되고, 나머지 70%는 가축 사료 및 가공용으로 사용되고 있지요.

가축 사육을 위해 생산하는 곡물의 양을 줄이고, 이를 위해 육류 섭취를 줄인다면 세계 기아 문제의 상당 부분을 해결할 수 있는 것입니다. 한쪽에서는 지나친 육식으로 비만이 사회 문제로 대두되고, 다른 한쪽에서는 기아와 영양실조에 시달리는 형국인데, 이러한 문제의 중심에 공장식 축산업이 자리하고 있습니다.

지금까지 농장동물, 실험동물, 모피동물, 전시동물, 애완동물, 인간동물에 대한 학대 및 착취 사례를 간략하게 정리해보았습니다. 바다동물, 오락동물, 야생동물, 약재로 쓰이는 동물, 종교 의식에서 제물로 쓰이는 동물, 치료매개동물 등은 포함하지 못했습니다. 또 공장식 축산업의 발전사와 궤를 함께하는 원주민에 대한 탄압과 야생동물 말살 문제는 거론조차 하지 않았습니다. 중요하지 않아서가 아니라, 제 공부가 부족하기 때문입니다.

　다른 기회에 이 비인간동물들에 관해서도 충분히 이야기 나눌 수 있기를 바랍니다. 그리고 비인간동물에 대한 우리의 생각과 태도와 처분이 진정 '이성적인' 수준에서 이루어지고 있는지, 그렇지 않다면 무엇을 어디에서부터 시작하여 바꾸어갈 수 있을지 함께 고민해주시기 바랍니다. 함께 떠올린 수많은 질문이 어떤 형태로든 답으로 되돌아오리라 믿습니다.

07

인간의, 인간에 의한,
   인간을 위한 동물
-비인간동물에 대한
이중 잣대

설화와 동화, 교과서에 등장하는 비인간동물들

한국의 구전설화에는 호랑이, 토끼, 구렁이, 여우, 까치 등 수없이 많은 비인간동물이 주인공으로 등장합니다. 서양의 각종 신화에도 독수리, 뱀, 소, 말 등 다양한 비인간동물이 등장하지요. 설화와 신화 속 비인간동물은 인간동물과 다른 존재로 그려지기도 하고, 때로는 인간동물과 다르지 않은 존재로 묘사되기도 합니다.

우리나라 초등학교 교과서에도 수많은 비인간동물이 등장합니다. 반려동물인 강아지를 사랑하는 어린이의 사연, 동물원 속 동물들이 행복해하는 모습, 인간의 우주 정복 야망을 실현시키기 위해 지독한 훈련을 받다가 우주 비행선에 올라 사망한 실험동물 라이카 이야기 등 셀 수 없이 많은 비인간동물이 나옵니다.

생각해보면 인간동물은 언제나 다양한 비인간동물과 친밀하게 지내왔던 것 같습니다(그만큼 비인간동물을 잔혹하게 이용해오기도 했고요). 그런데 친밀함의 내용을 들여다보면, 비인간동물 자체의 특성을 있는 그대로 존중하기보다는 그 친밀함조차 인간동물 중심으로 구성해왔다는 생각이 듭니다.

예컨대 '의인화'의 문제가 그렇습니다. 대부분의 구전설화와 신화에 등장하는 비인간동물은 거의 인간동물의 언어를 사용하는, 비인간동물의 탈을 쓴 인간동물입니다. 이와 관련하여 〈인간동물문화연구회〉의 김찬호 박사는 다음과 같이 말합니다.

"인류는 다른 동물들과 '서바이벌 게임'을 벌이면서도, 문화적인 차원에서 그들에게 독특한 정서와 의미를 부여해왔다. 고대의 많은 신화에서 동물은 '환웅'처럼 초월적인 상징으로 군림하는데 이는 토테미즘과 관련이 깊다. 만화와 동화에서는 수많은 동물이 의인화된 캐릭터로 등장한다. 또한 일상 언어에서도 사람의 성향이나 어떤 상황을 묘사할 때 종종 동물로 비유된다. '여우처럼 교활하다' '늑대처럼 엉큼하다' '곰처럼 미련하다' '양처럼 온순하다' '꾀꼬리 같은 목소리' '잉꼬부부' '평화의 비둘기' '매파와 비둘기파' '꽃뱀' '개미군단' '다크호스' '상아탑' '장사진을 이룬다'(긴 뱀처럼 행렬이 늘어서 있다) '사족을 달다' '유예'(중국의 신화 속에 나오는 가상의 두 마리 동물로서 머뭇거리는 습성을 지녔다고 함). 동물들은 신성함의 아이콘에서 인간성의 표상에 이르기까지 다양한 이미지로 채색되어 온 것이다. 그러나 그런 의미소의 많은 부분이 사실은 그 동물의 실제 속성과 무관하게 인간이 지어낸 허구적 이미지인 경우가 많다." (김찬호, 2012)

인간에 의해 각색되고 의인화된 '가짜 동물'

교과서에 등장하는 비인간동물도 주인공 어린이와 인간동물의 언어로 대화하는 등 '비인간동물의 탈을 쓴 인간동물'인 경우가 아주 많습니다. 무엇보다 교과서에 등장하는 비인간동물들을 통해 저자가 알리고 싶은 것이 '동물원 속 동물들이 행복할 리 없다'라거나 '라이카는 라이카 자신이 인류의 우주 정복을 돕고자 한 건 아니었다'는 메시지는 아닐 겁니다.

비인간동물을 의인화하고, 비인간동물이 처한 현실을 있는 그대로 드러내지 않으면서 비인간동물을 인간동물의 '익숙하고도 영원한 친구'로 위치시키는 것은 오로지 인간동물의 시선, 의식에서나 가능한 일입니다.

인간동물과 비인간동물의 친숙함을 아무리 강조해 드러낸다고 하여도 대부분의 비인간동물이 인간동물에 의해 식용동물로, 모피동물로, 전시동물로, 애완동물로, 의인화된 가짜 동물로 살아왔음을 부정하기는 힘들지요.

그런데도 인간동물은 삼겹살용으로 키워지다 죽는 돼지에게 고통을 느끼는 감정 따위는 없다고, 동물원 속 비인간동물이 함박웃음을 지으며 행복해한다고 믿고 싶었던 모양입니다. 이렇게 인간동물은 비인간동물이 처한 현실을 우리 멋대로 각색하고, 무감각하게 비인간동물을 활용해왔습니다.

많은 동물권 책에 등장하는 '꼬마 돼지 베이브'의 예시가 있어요. 어린이들은 '꼬마 돼지 베이브'를 참 좋아합니다. 어린이들은 훌륭한 양치기 돼지로 성장하는 베이브의 귀엽고 영리한 모습에 큰 감동을 받지요. 하지만 대부분 그뿐입니다. 그렇다고 당장 부모님에게 "더 이상 돼지고기를 먹지 않겠어요!"라고 선언하지 않습니다.

반려견과 '똥개'의 차이는?

첫 글에서 말씀드렸지만, 강아지 형상인 딸 투투와 함께하면서 돼지고기나 소고기를 먹는 것에 불편한 마음이 싹튼 저도, 당시에 그 '불편한 마음'의 정체를 더 궁금해하거나 알아보진 않았습니다. 어쩌면 '알고 싶지 않다'는 마음이 더 컸는지도 모르겠어요. 아무리 '불편한 마음'이 든다고 해도 스테이크 맛집을 찾아다니고, 돼지갈빗집을 찾는 일을 줄이지는 않았습니다.

비인간동물인 강아지 투투를 보면서 '세상에! 강아지인 투투도 인간동물인 나처럼 슬픔, 기쁨, 행복, 고통, 지루함을 다 느끼고 안다니!' 하고 놀라면서도 돼지, 소, 닭, 오리 등의 비인간동물의 감정과 존재에는 철저하게 눈을 감아버린 형국이지요.

이런 사례는 우리 일상에서 얼마든지 찾을 수 있습니다. 우리는 구제역으로 살처분당하는 수많은 돼지를 보면서 눈물을 흘리다가도 저녁이면 미세먼지로 칼칼해진 목을 부드럽게 만들겠다면서 돼지 삼겹살을 주문해 먹을 수 있죠.

양떼 목장에 올라 귀여운 양들을 쓰다듬고 그 양들을 위해 '먹이주기 체험'을 하고는, 입구로 내려와 그 양들로 만든 양고기 꼬치를 사먹을 수도 있습니다. 투투를 사랑해주시는 저희 부모님은 개고기를 좋아하시죠. 친한 친구가 소위 '보신탕집'을 운영해서 자주 드신답니다.

어느 날 어머니에게 "엄마, 투투를 이렇게까지 좋아하는데 개고기를 먹을 때마다 뭔가 마음이 불편하지는 않아요?"라고 여쭈었더니 어머니는 "애, 투투랑 개고기랑 같니?" 하고 답하시더군요. 부모님에겐 '반려견'인 투투와 식용견으로 길러진 마당의 '똥개' 봉순이는 다른 종의 동물인 것입니다.

"어떻게 반려동물인 개를 키우면서 개고기를 먹을 수 있단 말인가?"라고 따져 묻는 분이 적지 않지요. 그런데 찾아보니 개와 함께하면서도 개고기를 즐겨 먹는 분들도 있더군요. 반려동물인 고양이와 함께하면서도 개고기를 좋아하는 것을 넘어서 '개식용 반대'의 목소리를 비아냥대고 비판하는 분도 종종 보입니다. 그리고 반려동물인 개를 키우면서 개고기를 먹지는 않지만, '치맥'(맥주에 치킨)이나 스테이크를 즐기는 분도 굉장히 많지요.

어떤 인간동물에게 반려동물은 '동물이 아닌 동물'인 셈이고, 반려동물 이외의 동물은 그저 동물일 뿐입니다. 그리고 나와 함께하는 고양이는 반려동물이고, 남과 함께하는 강아지는 식용으로 써도 무방한 동물이 되지요.

초등학교 교과서 내용의 50%가 귀엽고 사랑스러운 동물로 채워져 있고, 아동서점에서 파는 책 중 3분의 2가 동물과 관계된 내용으로 구성되어 있지만, 부모들은 아이들의 즐거움과 교육을 위하여 비인간동물을 감금해서 운영하는 동물원에 방문하기를 주저하지 않습니다.

인간동물은 동물실험으로 안정성이 확보되었다는 스킨과 로션을 얼굴에 바르고, 애완견 투투와 비비에게 새로운 지위가 필요하다며 "애완동물" 대신 "반려동물"이라는 개념을 사용해야 한다고 주창합니다. 인간동물은 "반려동물"이 아닌 "실험동물" 에게는 "비비"가 아닌 "23056"과 같은 숫자가 부여되는 현실에는 무관심하지요.

'이중 잣대'를 들여다보는 일이 왜 중요할까

인간동물은 일상적으로 섭취하는 고깃덩어리의 실체를 자세하게 알고 싶어하지 않습니다. 새끼 돼지가 태어나자마자 송곳니를 절단당하고 마취 없이 꼬리가 제거된다는 사실 따위에는 관심이 없습니다. 농장동물의 운송과 도축 전 과정에 관해 아는 바가 전혀 없어도 괜찮고, 그래야만 한다고 생각합니다. 정육점과 마트에 보이는 붉은 살코기는 붉은 살코기일 뿐이지, 열악한 환경에서 살다가 잔인하게 도축된 생명체의 근육과 피가 아니어야 합니다.

포장 상태는 해당 고기가 온전한 형태의 생명체였다는 사실을 알아차리지 못하도록 최대한 깔끔하고 단순하게 포장된 것이 좋습니다. 순대는 순대여야 하고, 선지는 선지여야 하지, 인간동물이 순대와 선지를 섭취할 때마다 그것이 인간동물에 의해 학대당하고 죽은 동물의 '피'라는 사실을 떠올릴 필요는 없습니다.

개가 식용일 수 없다면 돼지도 마찬가지일 수 있겠지요. 물고기는 어떻습니까? 돼지가 식용일 수 없다면 광어도 식용일 수 없을 겁니다. 그리고 파리. 파리는 어떻습니까? 모기는요?

왜 같은 동물을 두고 인간인 동물과 인간이 아닌 동물로, 같은 인간이 아닌 동물을 두고 식용동물과 반려동물로 나누어 놓았는지 궁금했습니다. 그리고 어떤 생각, 마음이 같은 대상을 두고 다른 마음을 불러내고 고정시키는지 알고 싶었어요. 이러한 궁금증의 결과가 무엇일지는 저도 모릅니다.

"그럼, 아예 육식을 하지 말자는 말이야?" "내가 벼를 애완벼로 키우고 있는데, 그럼 쌀도 먹지 말자는 거지?"라고 묻고 싶은 분도 있을 겁니다. 물론, 그에 대한 답변은 한 가지일 수 없습니다. 누군가는 "응, 그래. 육식을 전면 중단하자는 얘기야"라고, 또 다른 누군가는 "우리가 당연하게 여겨온 비인간동물에 대한 학대와 착취 문제를 다시 생각해보자는 얘기야"라고 답할 수 있겠지요.

이런 사고 연습은 중요합니다. 같은 대상을 두고 다른 관점과 잣대를 들이대는 것, 이는 비인간동물에게만 해당하는 문제가 아니거든요. 우리는 수많은 동종인 인간동물을 두고도 이중잣대를 들이대고 있습니다. 같은 사람을 두고 정상적인 사람과 비정상적인 사람으로 나누어 왔고, 지배가 당연한 사람과 지배당하는 것이 당연한 사람으로 정의해왔습니다.

예컨대 여성, 장애인, 동성애자, 이주인 등 우리 사회 대부분의 소수자에 대한 이중잣대 말이지요. "동성애자는 모두 천형을 받을 죄인이다"라고 생각하는 사람부터 "동성애자의 인권을 존중하는 데는 찬성하지만, 내 딸이 레즈비언인 것은 용납하지 않겠다"는 수준에 이르기까지 같은 대상을 두고 사람들은 매우 다양한 '다른 잣대'를 들이대고 있습니다.

같은 대상을 두고 갖는 이중, 삼중의 마음이 가능한 그 원인을 찾을 수 있다면, 그리고 그 원인을 고려하면서 소수 집단이라는 이유만으로 억압받는 사람들이 처한 어려움을 조금이라도 해결할 방법을 찾을 수 있다면, 이보다 더 큰 기쁨이 어디에 있을까요. 비인간동물의 문제도 예외가 아닐 겁니다.

비인간동물에 대해 갖는 인간동물의 '이중 인식'을 가능하게 하는 원인, 그리고 그 원인을 극복하기 위한 노력으로 무엇이 있을지 알아봤습니다. 이를 위해 윤리적인 이유로 채식을 시도한 적이 있거나, 채식을 하는 열 명의 사람들을 만나 인터뷰했어요. 앞으로 몇 차례에 걸쳐 이 인터뷰 자료를 바탕으로 '이중 인식'의 원인과 극복을 위한 노력에 대해 이야기하겠습니다.

*인터뷰에 응해주신 열 분의 간략한 정보를 미리 알려드릴게요. 익명으로 처리했으며, 성별은 전원 여성임을 밝힙니다. 출생연도(나이), 종교, 직업, 출생지역/거주지역, 육식기간, 채식(비육식)기간 순서로 정리했습니다.

A. 1978년(35세), 불교, 심리상담가, 전북/서울, 31년, 4년

B. 1981년(32세), 천주교, 카메라 기자, 서울/서울, 30년, 2년

C. 1977년(37세), 없음, 심리상담가, 서울/서울, 36년 3개월, 7개월

D. 1973년(40세), 없음, 가수/문화연구자, 서울/서울, 30년, 10년

E. 1977년(36세), 없음, 여성단체 활동가, 서울/서울, 34년, 2년

F. 1982년(32세), 불교, 취업 준비, 전남/서울, 30년, 2년

G. 1975년(38세), 불교, 여성단체 활동가, 서울/서울, 36년, 2년

H. 1974년(39세), 없음, 사업가, 서울/서울, 36년, 3년

I. 1974년(39세), 없음, 사업가, 전남/서울, 38년 1개월, 9개월

J. 1983년(29세), 없음, 학생, 서울/서울, 27년, 2년

08

육식주의 이데올로기,
인간과 동물 사이에
'계급'을
말하다

"돼지는 먹는 용도일 뿐이고, 이용가치가 있는 존재 그 이상이 아닌 거죠. 그리고 돼지 등 고기를 먹지 않으면 안 된다는, 육식은 필수라는 신화에 갇혀 있기 때문에 가능한 일이라고 봐요. 동물을 만날 수 있는 곳이 식탁 아니면 동물원이니 그 이상의 존재로 생각할 수가 없죠." A(35세, 심리상담가, 채식 4년)

"우리가 이렇게나 많은 동물을 공장식으로 사육하고 먹는 것은 꼭 생존을 위한 일이 아니잖아요. 고기를 먹는 것은 개인의 선택에 관한 문제가 아니라 구조적인 문제라고 생각해요. 고기를 먹고 안 먹고를 선택할 수 있는 것도 아니고 생산과 소비 전 과정을 알고 있는 것도 아니고. 동물들을 그렇게 키워지고, 사람들은 주어지는 대로

그저 먹는 것이 반복되는 구조요, 견고한 구조요." C(37세, 심리상담가,
채식 7개월)

이데올로기와 그 효과 세 가지

이데올로기(Ideology)라는 개념이 있습니다. '허위의식'을 뜻하는
데, 계급이나 계층 간의 진짜 관계를 보기 어렵게 만드는 것입니
다. 예를 들면, 노동자와 자본가 사이에서, 여성과 남성 사이에서
작동하는 불평등한 권력 관계를 숨기는 기능을 하는 '가짜 의식'
을 뜻합니다.

자본가를 중심으로 하는 지배 계급이 자본주의라는 경제 체제
를 모든 사람이 당연하게 받아들여야 하는 '보편적인 체제'라고
전제하는 것, 남성중심의 가부장제 체제를 여성을 포함한 모든
사회 구성원이 받아들여야 하는 '보편타당한 체제'라고 전제하는
것, 그리고 그 강제 효과를 통틀어 이데올로기라고 부릅니다.

자본주의 이데올로기, 가부장제 이데올로기, 결혼 이데올로
기, 강압적 이성애주의 이데올로기 등은 권력을 가진 계급이나
계층의 이익을 모든 사회 구성원의 공통된 이익이라고 착각하
게 만들죠. 칼 맑스의 표현을 빌자면 이데올로기는 "지배 계급의
이념에 보편성을 부여하는 역할"을 하는 것입니다.

라레인(Larrain)이라는 학자는 지배 계급의 주도하에 만들어지
는 이데올로기의 효과를 크게 다음의 세 가지로 요약했습니다.
첫째, 이데올로기는 특정 사상이나 신념을 '사실'로 표방하면서

'사실'을 왜곡합니다. 둘째, 이데올로기는 인지적인 차원의 문제를 포함한 규범을 생산합니다. 셋째, 이데올로기는 역사적이고 가변적인 속성을 가진 사회적 산물을 마치 자연적이고 영구적인 것인 양 부각시키는 상징적인 효과를 나타냅니다.

특정한 상황에서 특정한 계급에 의해 만들어진 지배 이데올로기의 효과는 한 사회의 정치, 경제, 사회, 문화 등 모든 분야에 걸쳐 나타납니다. 그리고 모든 분야에서 다시 동일한 이데올로기를 유지하고 확대하고 강화하는 역할을 합니다.

육식주의 이데올로기란?

『우리는 왜 개는 사랑하고 돼지는 먹고 소는 신을까』의 저자 멜라니 조이(Melanie Joy)에 따르면, 육식주의란 특정 동물을 먹는 일이 윤리적이며 적절하다고 생각하는 신념 체계입니다. 육식주의 이데올로기는 통상 '먹이사슬의 맨 꼭대기'에 위치한다는 인간동물에 의해 구성된 허위의식이지요. 육식주의 이데올로기는 인간동물이 어떤 비인간동물을 먹을 수 있는지를 결정하고, 그 동물을 먹을 때 정서적, 심리적으로 불편하지 않도록 보호해준다는 것이지요.

이데올로기 개념은 통상 자본가와 노동자로 대변되는 인간동물의 경제적 계급, 계층에 관한 이론과 논쟁에 등장합니다. 그러나 이데올로기는 멜라니 조이의 설명처럼 인간동물과 비인간동물로 이분화된, 또 다른 두 개의 계급 사이의 관계에도 적용할 수 있습니다. 이데올로기에 관한 일반적인 정의와 설명은 육식주의 이데올로기에서도 역시 그대로 통용됩니다.

앞서 이데올로기에 관한 일반적인 정의를 설명하고, 이데올로기의 효과에 관한 라레인의 설명을 덧붙였는데요, 이 문장들을 재구성하여 육식주의 이데올로기를 정의하고 육식주의 이데올로기의 효과 3가지를 요약해보았습니다.

〈육식주의 이데올로기는 인간동물과 비인간동물이라는 두 개의 계급 사이의 관계를 감춤으로써 지배 계급으로서의 인간동물의 이익을 사회 구성원의 공통 이익으로 표상시키고, 또한 그 계급의 이념에 보편성을 부여하는 역할을 한다.

육식주의 이데올로기의 효과는 크게 다음의 세 가지로 요약할 수 있다. 첫째, 육식주의 이데올로기는 "육식은 자연스럽다" 등 특정 사상이나 신념을 '사실'로 표방하면서 '사실'을 왜곡한다. 둘째, 육식주의 이데올로기는 인지적인 차원의 문제를 포함한 규범을 생산한다. 셋째, 육식주의 이데올로기는 역사적이고 가변적인 속성을 가진 사회적 산물을 자연적이고 영구적인 것으로 부각시키는 상징적인 효과를 나타낸다.〉

인간의 우월성을 전제한 '종차별주의'

지배 계급임을 자처해 온 인간동물은 인간동물만을 위해 육식주의 이데올로기를 만들어냈습니다. 앞서 소개한 개념인 '종차별주의'가 바로 육식주의 이데올로기의 효과 중 하나라고 할 수 있지요.

"인간을 제외한 모든 것은 인간에게 자원이자 수단으로만 간주하는 것 같아요. 인간이 중심이고, 인간이 살기 위해서 다른 모든 것들은 다 파괴하거나 인간의 필요에 맞게 만들어도 되는 대상으로 자연과 동물을 보는 게 문제라고 생각해요. 수단이나 대상으로만 삼는 거죠." E(36세 여성, 여성단체 활동가)

종차별주의는 인간동물이 비인간동물을 학대하고, 착취하고, 살해하는 모든 행위를 정당화하는 이데올로기의 하나입니다. 데카르트가 그랬듯, 대부분의 인간동물은 스스로를 자연의 일부로 생각하지 않고, 자연을 지배와 정복의 대상으로만 바라봐왔습니다. 그러니 인간동물 자신을 제외한 나머지 모든 비인간동물 역시 지배와 정복의 대상일 뿐이었고, 인간동물은 비인간동물의 사용을 정당화할 수밖에 없었을 겁니다.

종차별주의는 인간동물이 아닌 모든 비인간동물을 고등동물과 하등동물로, 반려동물과 식용동물 등으로 나누고 또 나누어 왔습니다. 그리고 '서열'이란 것을 창조하고는 소위 '먹이사슬'의 제일 꼭대기에 자신을 두었습니다.

도구를 이용하면 호랑이도 때려잡아 먹을 수 있는 인간동물의 '위대한 능력'을 스스로 칭송한 꼴입니다. 자연 없이는, 비인간동물 없이는, 스스로도 생존할 수 없다는 사실을 까맣게 잊어버린 것이지요. 어쩌면 무시했다고 보는 것이 더 정확하겠네요.

옥스퍼드 영어사전에서는 종차별주의를 "인간(동물)이 자신의 우월성을 전제로 특정한 동물 종을 차별하거나 착취하는 것"으로 정의하고 있습니다.

인간동물의 우월성에 관한 증명은 주로 '과학'이 담당해왔겠지요. 지배 계급인 남성이 피지배 계급인 여성을 지배하기 위한 방법 중 하나로 '과학'을 끌어들여 "여성의 뇌는 남성의 뇌보다 작다"는 연구 결과를 발표한 것과 유사하게 말입니다. 동성애자를 억압하기 위해 "동성애자들의 뇌는 이성애자들의 뇌보다 작으며, 동성애자들의 두 번째 손가락은 네 번째 손가락에 비해 현저하게 짧다"는 연구 결과를 발표한 것과 유사하게 말이지요.

이렇듯 인간동물이 스스로의 지배력을 확보하고 유지하기 위해 만들어 낸 육식주의 이데올로기, 종차별주의는 끊임없이 비인간동물에 대한 인간동물의 일방적인 착취와 학대를 정당화하는 것을 뒷받침해왔습니다. 이런 이데올로기의 출현과 강화는 인간동물이 비인간동물을 학대하고 살해하는 순간조차 어떠한 죄의식도 느낄 수 없는 무감한 상태를 유지할 수 있도록 돕는 것입니다.

정당화의 3N(Normal, Natural, Necessary)

"고기는 언제나, 당연히 먹는 음식이니까요. 고기를 먹는 이유를 생각할 필요가 없었죠. 사람이 화장실을 가는 이유, 잠을 자는 이유와 같은 거였죠. 동물을 당연히 먹고 쓰는 것이라 생각했어요. 고기를 먹는 이유는 '동물은 사람에 의해 그렇게 쓰이기 위해 있는 일종의 물건, 당연히 그렇게 쓰는 물건'이라고 일반적으로 생각하기 때문인 듯해요." G(38세, 여성단체 활동가, 채식 2년)

"어린 시절 우리 집에 동물이 참 많았어요. 새장 속에 카나리아가 있었고, 붕어, 토끼, 이구아나도 키웠어요. 그 환경이 내겐 좋은 기억으로 남아 있지 않아요. 다양한 동물이 있고, 카나리아가 알을 낳을 수 있다는 사실 외에는 배운 게 없어요. 새는 새장에 갇혀 지내는 게 정상인 줄 알았죠. 정작 배워야 할 것은 동물을 대하는 방식과 태도잖아요. 동물원에 갇혀 지내는 동물을 보는 생태체험, '이런 동물이 있구나' '갇혀 지내는구나'라는 사실 외에 뭘 보고 배울 수 있었을까요. 새들은 왜 새장에 갇혀 지내야만 하는지, 어미 새는 왜 알을 낳고 새끼를 부화시킨 후 아기 새와 헤어져야 하는지 그런 것들은 생각하지도 않고 배우지도 않잖아요. 아주 나쁜 환경이었죠." A(35세, 심리상담가, 채식 4년)

인간동물은 더 이상 구석기, 신석기 시대를 살고 있지 않습니다. 배가 고파서 손도끼나 활을 들고 비인간동물을 잡아먹어야만 살 수 있는 시대는 진작 지났지요. 그런데도 인간동물은 살아 있는 비인간동물을 먹는 문제, 입는 문제, 쓰는 문제에서만큼은 여전히 구석기, 신석기 시대의 의식 수준에 머물러 있습니다.

심지어 인간동물은 무지하기까지 합니다. '새'라는 비인간동물이 '새장' 속에 갇혀 있는 사실을 당연하게 여기고, 반려견과 식용견은 완전히 다른 종의 동물이라 착각하지요. 그 새장을 만들고 새를 잡아 새장 속에 감금한 장본인이, 같은 종의 비인간동물을 두고도 완전히 다른 종인 양 분류해버린 주체가 인간동물 자신이라는 사실엔 관심도 없습니다.

'3N'(Normal, Natural, Necessary) 개념은 멜라니 조이가 제안한 개념입니다. 비인간동물에 대한 인간동물의 일방적인 착취와 학대에 관한 정당화는 크게 세 가지 근거로 구성되는데, 첫째는 정상적이라는 것(normal), 둘째는 자연스러운 일이라는 것(natural), 셋째는 필요한 일이라는 것(necessary)입니다.

인간동물이 비인간동물을 '고기'로 섭취하는 것은 정상적이고, 자연스러우며, 필요한 일이라는 생각입니다. 이름하여 "정당화의 3N"인데요, 3N의 정당화는 단순히 행위를 이끄는 일 이상의 역할을 한다고 합니다. 예컨대 3N은 인간동물이 비인간동물을 착취하고 학대하고 섭취할 때 느낄 수도 있는 도덕적 불편함과 죄책감을 완화해주거나 삭제하도록 기능한다는 거죠.

인간동물의 비인간동물에 대한 착취와 학대가 정상적이고, 자연스럽고, 필요한 일이라는 고정관념은 이성애가 정상적이고, 자연스럽고, 필요한 일이라는 고정관념과 유사합니다. 인간동물의 비인간동물에 대한 착취와 학대가 정상적이고, 자연스럽고,

필요한 일이라는 고정관념은 남성에 의한 여성의 지배가 정상적이고, 자연스럽고, 필요한 일이라는 고정관념과 유사합니다.

그러나 여성은 더 이상 남성 지배의 대상이 아닙니다. 그리고 이성애만이 '정상'이라는 기존의 생각에도 서서히 균열이 생기고 있습니다. 인간동물의 비인간동물에 대한 기존의 태도 역시 얼마든지 달라질 수 있을 것입니다.

이미 눈치챈 분들이 있겠지만, 3N은 육식주의 이데올로기뿐만 아니라, 사회의 소수집단을 억압하고 차별하는 지배 이데올로기의 주요한 특성입니다. 남성이 여성보다 우위에 있고, 남성에게 여성을 지배할 권리가 있다는 가부장적 이데올로기 역시 피지배 계급으로서의 여성에 대한 차별과 착취를 정상적이고, 자연스럽고, 불가피한 결과라 역설해 왔지요.

장애인, 동성애자, 이주민의 경우에도 적용할 수 있습니다. 이렇듯 '정당화의 3N'은 인간동물에 의한 비인간동물에 대한 지배와 착취에는 물론 소수집단 전체에 적용되는 개념이지요.

이쯤에서 잠시 이런 질문을 던지고 싶습니다. 인간동물과 같은 '동물'이기도 한 비인간동물을 사회의 약자 집단인 '소수 집단'(Minority Group) 내에 포함시키는 것에 관해 어떻게 생각하십니까?

다음 글에서는 인터뷰 대상자들의 경험과 생각을 통해서, 육식주의 이데올로기를 강화하고 재강화하는 메커니즘에 관해 자세하게 살펴보겠습니다.

09

육식
　‘다른 선택권은
배운 적이
없으니까요’

육식주의 스키마(Schema)와 '정신적 마비' 상태

육식주의(특정 동물을 먹는 일이 윤리적이며 적절하다고 생각하는 신념 체계) 이데올로기를 내면화한 인간동물이 비인간동물을 착취할 수 있게 하는 또 다른 장치로 '육식주의 스키마'와 '정신적 마비'를 들 수 있습니다. 이 역시 멜라니 조이가 제안한 개념인데요. 스키마(Schema)란 우리의 신념과 생각, 인식, 경험을 구조화하는 심리적, 정신적 분류 체계를 뜻합니다.

　스키마는 외부에서 들어오는 정보를 자동적으로 정리하고 해석하는데, 인간동물은 비인간동물을 포함한 모든 대상에 관해 스키마를 갖고 있습니다. 가령, 인간동물은 비인간동물을 포식동물과 그 먹이가 되는 동물, 유해동물, 애완동물 또는 식용동물 등으로 분류합니다. 심리적 분류 체계인 스키마에 의한 것이지요.

육식주의 스키마는 육식주의 이데올로기에 의해 구성되고, 그렇게 구성된 내용은 위계적입니다. 육식주의 스키마는 비인간동물의 착취와 육식에 관한 정보를 선택적으로 받아들이게 하지요.

육식주의 스키마가 제공하는 가장 중요한 도구는 '정신적 마비'(psychic numbing)입니다. 특정 경험으로부터 정신적, 감정적으로 단절시키는 심리 과정이에요. 멜라니 조이, 할 헤르조그, 제임스 서펠, 마크 베코프 등 학자들에 따르면, 비인간동물에 대한 인간동물의 '정신적 마비' 상태는 이분화와 대상화, 타자화, 무관심, 절연, 회피, 무시, 외면, 망각, 합리화, 정당화 등의 방어기제를 통해 지지가 되고 강화됩니다.

"사람들은 책임을 지고 싶어하지 않는 것 같아요. 물고기를 낚는 순간에 느끼는 쾌락을 중시하지만, 그 결과를 책임지고 싶지는 않은 거죠. 의식적으로 그렇다기보다는 진실이 무엇인지 안 보이니까 아예 생각을 못 하는 그런 상태요. 비(非)각성 상태가 지배한다고 표현할 수 있겠죠. 인간이 아닌 동물에 관해 생각하는 신경이나 그런 생각을 할 수 있도록 할당된 공간 자체가 없는 거죠." J (29세, 학생, 채식 2년)

"윤리적 채식을 하면서 그동안 인간인 우리가 불필요한 상황에서도 얼마나 동물을 이용해왔는지 더욱 실감했어요. 견딜 수 없는 추위가 아닌데도 반드시 동물의 가죽을 벗겨 옷을 만들어 입어야 한다는 생각, 남용되는 동물실험, 과도한 육식생활 등 일일이 열거할 수 없을 지경이죠. 사실이 아닌데도 우유가 칼슘의 보고로 알려져 있고, 고기를 먹지 않으면 단백질을 섭취할 수 없다는 식의 잘못된 정보가 만연하죠. 자연스럽게 당연한 듯이 그렇게 가르치고 배워왔죠. 하지만 우리는 단 한 번도 직접 확인해 본 적이 없잖아요." A(35세, 심리상담가, 채식 4년)

개와 함께 살고, 소는 먹고, 길냥이는 보호한다?

인간동물로서 비인간동물을 대상화하고 타자화하고 이분화하는 것은 '자연스럽다'고 간주되는데요, 실은 이 자연스러움의 다른 이름이 바로 '비각성 상태'입니다. 인간동물은 무엇이 진실인지에 관해 의문을 품지 않습니다. 정보를 왜곡하기도 하지요. 의문을 품을 수 있는 환경에 있지 않으니, 비인간동물을 '사용하지 않는 선택'의 여지는 애초에 존재하지 않죠.

"우리 집에서는 개를 키웠지만 아빠는 보신탕을 드셨어요. 아빠가 보신탕을 드시고 집에 들어오시면 우리는 아빠에게 '어떻게 개를 먹을 수 있느냐?' 따져 묻기도 했죠. 그러면서도 우리는 돼지고기, 소고기 다 먹었거든요. 36년 넘게 살면서 단 한 번도 개와 돼지, 소를 연결 지어 생각해보지 않았다는 게 너무 기가 막혀요. 시골에 있는 소의 눈을 바라보면서 '참 예쁘구나' 말하고는 뒤돌아서서 소고기를 먹으면서는 그 눈동자를 아예 떠올리지를 못하는 거죠. 참 희한한 일이에요." C(37세, 심리상담가, 채식 7개월)

"직장 동료 중에서 길고양이에게 밥을 주는 사람들이 있어요. 그런데 고기를 먹는단 말이죠. 나는 그게 굉장히 분열적으로 보여요. 뭔가 자극이나 위기감은 느낄 만도 한데 맛의 유혹을 떨치지 못하나봐요. 고기를 보고 곧바로 닭이나 돼지로 연결시키지 않는 거죠. 마트에 진열된 붉은 덩어리 고기들을 보면서 살아있는 닭이나 돼지를 떠올리기는 쉽지 않은 것 같아요. 의식해서 보려고 하지 않으면 말이에요." E(36세, 여성단체 활동가, 채식 2년)

"나는 우리 집 강아지를 좋아했어요. 엄마는 강아지가 집에만 갇혀 지내는 것이 안타깝다며 먹는 즐거움을 뺏으면 안 된다고 하셨어요. 그래서 우리는 강아지에게 사료만 주지 않았어요. 스팸도 주고, 고기도 다양하게 줬어요. 내가 좋아하는 동물을 위해서 다른 동물로 만든 고기들을 섞어서 준 거죠." B(32세, 카메라 기자, 채식 2년)

"고양이를 키우고 귀엽다고 난리를 피우면서 동시에 개고기 먹으러 간다고 큰소리치는 부류들이 있어요. 귀여운 상태의 동물이나 동물 사진을 소비하면서 동시에 동물의 권리문제는 비하하는 경향이 있죠. 이런 상반되는 반응을 보면 인지부조화의 극단이자 집단 정신병

적 상태에 있다는 생각이 들어요." J(29세, 학생, 채식 2년)

비인간동물에 대한 대상화, 타자화는 동물을 인간동물과 비인간동물로 이분화합니다. 그리고 비인간동물 내부에서도 위계화를 양산해내지요. 개는 반려동물이지만, 돼지는 식용동물이고, 길고양이는 보호의 대상이지만, 소는 식용동물이지요. 또 같은 비인간동물이지만, 인간동물에 의해 서열 1위 반열에 오른 반려동물은 소, 돼지, 닭 등을 이용한 사료와 간식을 섭취합니다. 육식주의 이데올로기가 만든 종차별이 또 다른 종차별로 분열, 분화되는 것입니다.

육식에 대한 심리적 갈등을 회피하다

동물이라는 동일한 대상과 비인간동물이라는 동일한 대상을 두고 위계화하고 서열을 생산하는 인간동물의 심리 상태는 일종의 '인지부조화'입니다. 인지부조화는 1950년대 사회심리학자 레온 페스팅거(Leon Festinger)가 제안한 개념으로, 동일한 대상을 두고도 인간동물이 발휘하는 신념, 행동, 태도가 서로 대립하는 경우를 의미합니다.

헤르조그에 따르면, 인간동물의 인지부조화 상태는 매우 불편한 상태입니다. 인간동물은 인지부조화 상태를 인식하고 이를 극복할 비상한 능력 또한 있습니다. 인식의 불일치 상태가 낳는 불안과 불편 등의 갈등을 해소하기 위해 신념과 행동을 바꾸어

낼 능력을 지닌 것입니다.

"고기라는 것이 살아있는 동물로 만들어진 건 이미 알고 있는 사실이죠. 하지만 모르는 척 연기하며 살아온 듯해요. 살아있는 동물과 식탁 위의 음식을 연결시키고, 그 연결감을 느끼고 유지하려면 의식적인 노력과 실천이 필요한데, 그 연결감을 인식하고 유지하는 것 자체가 어려운 일 같아요." C(37세, 심리상담가, 채식 7개월)

"초등학교 다니던 시절에 학교 앞에서 팔던 병아리를 사다가 나쁜 짓을 했다는 얘기를 듣고도, 직장인이 되어 유기견이나 유기묘에 관한 소식들을 접해도, 그저 '불쌍하구나' 하고 말았죠. 불쌍하고 안타깝지만, 내가 뭔가를 해서 문제를 바로 잡아야겠다는 생각으로 연결하진 못했어요." B(32세, 카메라 기자, 채식 2년)

비인간동물에 대한 대상화와 타자화의 결과는 동물을 이분화하고 위계화하는 것으로 나타났고, 비인간동물 내부의 다분화, 위계화로까지 확대·발전되었습니다. 이러한 분화는 무의식 차원에서 육식주의 스키마를 바탕으로 무관심, 회피, 망각, 절연 등의 방어기제를 통해 유지되고 강화됩니다.

인간동물은 이러한 심리적 방어기제 덕분에 비인간동물을 사용하는 것에 관한 부담을 덜게 되지요. 제레미 리프킨의 설명을 빌자면, 인간동물은 먹이로 이용하는 비인간동물들과 친숙한 관계를 없앰(절연)으로써, 비인간동물과의 뿌리 깊은 연결고리를 끊고 생명체 살해에 흔히 수반되는 공포, 혐오, 후회의 감정을 극복하게 됩니다.

육식을 정당화하고 합리화하는 방어기제

그런데 육식주의 스키마는 무의식 차원에서 작동하는 방어기제이면서 동시에 의식적인 차원에서 인간동물이 작동시키는 방어기제이기도 합니다.

이를테면 '교육의 부재' 등 인간동물 중심의 환경은 비인간동물의 존재와 생명에 관한 정보에 접근하는 것을 막아 무의식적으로 무관심 상태에 머물게 하지요. 그러나 적극적인 회피와 무시, 외면하거나 잊으려는 노력, 인간의 이성이나 자연스러움 등을 예로 들며 육식을 합리화하고 정당화하는 것은 의식적인 행위입니다.

"나는 불편한 마음을 느끼면서도 고기를 먹으려고 엄청난 회피를 하고 있다는 인식을 분명하게 했어요. 고기를 먹으러 가면 불편한 마음이 들잖아요. 그럼 고개를 좌우로 몇 번 세게 흔들면서 '자, 자, 잊어버리자!' 주문을 외우기도 했죠. 그리고는 딱 잊어버렸어요. 그래야 내 앞의 맛있는 고기를 먹을 수 있으니까요. 그 전환이 굉장히 빠른 편이었어요. 그만큼 나는 회피 능력이 뛰어났던 거죠. 아주 오랜 시간 그렇게 했어요. 동시에 그런 불편한 마음을 갖는 내가 너무 싫었어요. 그게 얼마나 귀찮은 일이에요? 고기를 먹는 일에 불편한 마음을 갖고 싶지 않았고, 그래서 회피 능력을 극단적으로 끌어올리려고 애쓴 순간도 많아요." G(38세, 여성단체 활동가, 채식 2년)

"채식을 유지하기 위해서 공장식 축산업에 관한 기사, 그림, 영상 등을 지속적으로 봐야 한다고 생각하는데, 보는 것 자체가 너무 고통스럽더라고요. 여성영화제나 환경영화제에서도 관련 영화가 종종 상영되는데, 볼 엄두가 안 났어요. 그런 고통까지 감내하면서 불편하게 살고 싶지 않다는 생각도 들고요. 그래서 그냥 그 모든 것을 보려고 하지도 않고, 잊어버리려고 애썼죠. 망각해야 살 수 있으니까. 그야말로 편하게 살고 싶었던 거예요. 그저 '나는 인간이다'라는 생각에만 머물면서 어쩔 수 없는 일이라는 식으로요. 참으로 가볍고, 가볍고, 가벼운 존재가 되어버리는 거죠." C(37세, 심리상담가, 채식 7개월)

"어린 시절 우리 집엔 닭장과 오리장이 있었고, 저는 닭과 오리들을 친구 삼아 지냈어요. 그런데 어느 날, 집에서 일하던 언니가 닭의 목을 비틀고 칼로 잘라 죽이는 장면을 본 거예요. 굉장한 충격이었어요. 하지만 나는 아무에게도 그걸 말하지 않았어요. 충격을 그저 마음 한 편에 간직하고 있었달까요. 그날 목격한 장면은 끔찍하고 무섭고 충격적이었지만, 공포영화를 보고 나서 빨리 잊으려고 노력하듯이, 잊어야 일상을 지속하는 데 방해받지 않으니까 그때도 그랬던 것 같아요. 마음이 편해지려면 두 가지를 분리해버려야 하는 거죠. 동물을 먹는 영역과 먹기 위해 죽이는 영역으로요. 그리고 먹기 위해 죽이는 영역은 생각하지 않으려고 애쓰지요." A(35세, 심리상담가, 채식 4년)

의식적인 차원의 방어기제들은 인간동물의 의지에 따라 작동할 수 있습니다. 추상적이나마 비인간동물에 대한 연민이나 동정심을 느끼는 상태에서, 인간동물이 원하지 않는다면 이 방어기제들은 연민이나 동정심의 감정 상태에서 벗어날 수 있도록 돕습니다. 인간동물이 불편과 고통에서 벗어나기 위해서도 이들 방어기제는 작동해야만 하지요.

"고기 소비를 줄이고는 있지만, 완전히 끊지는 않았어요. 나는 죄책감이 있는데 그걸 숨기는 방식을 사용해왔어요. '평생 유지해온 혀의 미각을 한순간에 어떻게 버리나?' 하고 생각하면서 변명하고 합리화해버리는 거죠." F(32세, 취업준비 중, 채식 2년)

"어느 순간부터 엄청난 회피를 했어요. 닭을 먹고 싶거나, 닭을 먹을 때 살아있는 닭을 아예 떠올리지 않으려고 노력했죠. 그저 맛만 느끼고자 애쓰고, '그래, 어차피 먹어야 한다면, 먹기로 했다면 먹을 때는 맛있게 먹어야지' 하는 정당화도 참 잘했고요. 고기 소비를 줄이던 참이었는데, 어느 날엔가 '완전히 끊지 못할 바에는 아예 다 먹어버리자' 싶더라고요." A(35세, 심리상담가, 채식 4년)

육식을 합리화하고 정당화하는 것은 무의식 차원의 회피, 무시, 외면, 망각과는 조금 다릅니다. 인간동물은 동정심이나 죄책감 같은 심리적 피로감에서 벗어나기 위해, 비인간동물을 사용하는 합당한 이유와 정당성을 찾고서, 비인간동물에 대한 분열적 사고를 분열로 인식하지 않도록 하는 데 활용하지요.

육식주의 이데올로기가 만들어낸 육식주의 스키마는 무의식과 의식의 차원 모두에서 기능하고 있습니다. 또한 의식의 차원에서 작동하는 육식주의 스키마는 육식주의 이데올로기를 재강화하는 기능을 수행합니다.

'동물을 사용하지 않을 권리'에 대하여

육식주의 이데올로기의 결과이자 원인인 '정당화의 3N'(Normal, Natural, Necessary)과 육식주의 스키마는 관련한 교육의 부재, 정보 차단과 같은 환경 요인에 의해 지탱되고 강화됩니다. 그 결과 인간동물이 비인간동물을 '사용하지 않을 권리' '육식을 선택하지 않을 권리' 등의 가능성은 삭제되고 말지요.

"학교에서 배운 적도 없고, 누가 육식에 관해 의문을 제기하도록 주제를 준 적도 없고, 그러니 한 번도 생각해볼 기회가 없었죠. 그런 상황에서 죄책감을 느낄 이유가 어디에 있겠어요. 문제의식 자체가 없는 상태죠. 동물은 그냥 '먹는 음식' '맛있는 음식'인 거예요." F(32세, 취업준비 중, 채식 2년)

"정보가 완전히 차단되었던 것이 문제라고 봐요. 정보가 조금이라도 있었다면 관심을 가졌을 테고, 그러면 내가 직접 정보를 더 찾아볼 수도 있었겠죠. 그런데 어떤 계기도 없었어요. 육식에 관한 부정적인 정보라고는 '고기를 많이 먹으면 건강에 안 좋다' 정도가 대부분이었으니까요." H(39세, 사업가, 채식 3년)

"아무도 가르쳐주지 않잖아요. 한 번이라도 '너는 고기를 먹지 않아도 된다'는 말 들어본 적 있어요? 오히려 어릴 때 고기를 먹지 않겠다고 하면 부모님이 우리에게 고기가 왜 필요한지 설명하며 먹으라고 더 강하게 말씀하셨죠. 책을 통해서든, 방송을 통해서든 의식화되지 않으면 고기는 좋은 음식이겠거니 하면서 아무 생각 없이 먹었겠죠. 대부분의 사람들이 처한 상황이에요." I(39세, 사업가, 채식 9개월)

인간동물에게는 비인간동물이 '식재료'일 뿐입니다. 비인간동물의 일부 근육과 지방 덩어리를 보고 먹으면서, 한 마리의 생명과 의식이 있는 동물로서 온전한 존재를 상상할 수조차 없습니다. 온전한 개체이자 생명체로서의 비인간동물에 관한 정보를 차단한 결과입니다. 이러한 환경이 인간동물의 의식을 마비시키고, 자신의 행위와 실천의 의미에 대한 질문 자체를 불가능하게 만듭니다. 바로 육식주의 이데올로기의 작품이지요.

육식주의에 대한 '대항 담론' 만들기

그런데도 이데올로기는, 지배집단의 영원한 소유물이 아니라 획득해야 할 대상이자 투쟁의 장소입니다. 논문 「동성애 담론의 역학관계」를 발표한 김소라의 표현을 빌자면, 지배적 담론 아래에서 구성된 지배적 이데올로기는 변형되고 치환되는 과정을 통해 대항적 담론을 생산해냅니다. 대항 담론을 만드는 일은 우세한 담론에 저항하는 하나의 정치적이고 이데올로기적인 실천에 의해 이루어지지요.

육식주의 이데올로기 역시 지배집단인 인간동물의 영원한 소유물일 수 없다고 생각합니다. 이에 대한 대항 담론을 형성하는 것은, 지배 이데올로기에 저항하는 하나의 정치적, 이데올로기적 실천으로 이루어질 수 있을 것입니다.

다행히 인간동물에겐 회피나 망각 등 심리적 방어기제를 작동하는 능력만이 아니라, 도덕적 불편과 죄의식 등의 감정을 느끼는 능력도 있지요. 인간동물의 성찰적 자기인식 능력이 바로 지배 이데올로기인 육식주의에 대한 대항적 담론을 만드는 시발점이 될 것입니다.

10

생명체에 대한
  생각의 확장
-이중인식 극복의
3단계

'동물의 현실? 생각 없음' 상태에서 깨어나기

육식주의 이데올로기가 만연한 가운데, 대항 담론을 만들고 실
천하는 것은, 비인간동물에 대한 우리의 성찰적 자기 인식에서
출발합니다. 그 성찰은 이미 내면화된 비인간동물에 대한 이중
인식(동물을 인간과 달리 온전한 생명체로 보지 않는 것, 특정 동물을 편의대로
구분하고 서열화하는 것)을 각성하는 데서 시작됩니다.

> "고기가 만들어지는 전 과정을 보여주지 않잖아요. 그래서 그 과정
> 이 윤리적일 거라고 쉽게 생각했어요. 잠시 고기를 끊었다가 다시
> 먹으며 지내는데 한 방송 프로그램에서 공장식으로 우유를 생산하
> 는 과정, 공장식으로 소를 사육하는 영상을 봤죠. 그걸 보고는 더 이

상은 못 먹겠더라고요. 물론 이미 알던 정보였는데, 영상으로 보니까 충격이었어요. 그때부터 고기를 안 먹기 시작했죠." D(40세, 문화연구자, 채식 10년)

"2011년에 7개월 정도 고기를 끊은 적이 있어요. MBC 다큐멘터리 '고기 랩소디'를 어쩌다 보게 되었거든요. 머리로는 막연하게나마 알았지만 소, 돼지 같은 동물이 대량생산되는 과정을 직접적으로 본 것은 처음이었어요. 1시간짜리 프로그램을 보는 내내 너무 힘들어서 채널을 돌리거나 꺼버리고 싶기도 했지만, 참고 봤어요. 그 방송을 보고 충격을 받아서 완전 채식은 아니더라도 고기를 끊으려고 노력해야겠다고 생각했죠." C(37세, 심리상담가, 채식 7개월)

육식주의 이데올로기는 비인간동물이 학대당하고 착취당하는 현실을 은폐해버립니다. 따라서 인간동물은 외부 자극이나 계기 없이 스스로 비인간동물이 처한 현실을 인식하기 어렵지요. 또한 비인간동물에 대한 인간동물의 이중적인 인식을 간파하기도 쉽지 않습니다.

'막연하게나마' 비인간동물이 처한 현실이 참혹하다는 사실을 아는 경우에도, 그 현실을 직면하는 데는 외부 자극이나 계기가 필요합니다. 또 의지와 노력이 어느 정도 필요하죠.

우연한 기회를 통해 접한 정보들, 책, TV 방송 등을 통해 전에는 전혀 생각해본 적 없던 비인간동물의 현실을 구체적으로 들여다보고 깨닫게 되기도 합니다.

동물권 정보를 접하는 일이 시급하다

"동물을 좋아하지만, 동물권이나 생명권에 대해 생각해 본 적은 없었어요. 그러다 2009년 여름에 개고기 시장으로 알려진 부산 구포 시장을 취재할 기회가 생겼죠. 부산 지역의 동물보호단체에서 개들을 위한 위령제를 연다고 했거든요. 그런데 위령제만 취재하는 게 아니라, 그 주변을 함께 스케치해야 했죠. 한쪽 철장에는 강아지가 갇혀 있고, 바로 그 옆 정육점의 빨간 진열대 안에는 이미 도살된 강아지가 있더라고요. 곧 죽을 개와 이미 죽은 개가 한 공간에 있는 그 장면에서 내가 시각적으로 충격을 받았어요. '아, 고기 먹으면 안 되겠다'는 생각이 들더라고요. 그 후부터 가끔 고기를 먹으면 신체적으로 역한 반응이 함께 일어나더라고요." B(32세, 카메라 기자, 채식 2년)

"우연히 동물권 단체에서 만든 소책자를 읽었어요. 닭이 얼마나 비좁은 공간에서 열악한 환경에서 자라는지, 돼지와 소가 어떻게 도살되는지 등의 정보가 담긴 책자였죠. 그 자료를 읽고 마음속 깊은 곳에서 분노와 공포를 느꼈어요. 그런 정보를 처음 접했던 사실에도, 내가 동물들의 처지를 상상조차 하지 않은 채 지낸 시간에도 화가 났어요. 나는 그토록 평화롭게 살아왔는데, 한편에서 다른 동물들은 전쟁 같고, 지옥 같은 공간에서 살고 있다는 사실을 알고도 고기를 계속 먹을 순 없겠더라고요." A(35세, 심리상담가, 채식 4년)

시청각 정보가 주는 자극은 충격과 분노 혹은 공포 등의 심리 반응을 일으키며 "고기를 먹는 것"과 같이 비인간동물을 이용하는 일에 대한 신체적 반응으로 이어집니다. 구체적인 정보를 접하면, 인간동물은 비인간동물을 사용하는 시스템과 현실에 관해 한 번쯤 다시 생각해보게 되지요. 즉, 비인간동물을 사용해온 기존의 방식에 제동이 걸립니다.

"같이 사는 친구가 동물권을 공부하고 고기를 끊으니, 그 영향을 받았죠. 친구가 읽은 피터 싱어의 『동물 해방』을 나도 읽고 나서 고기를 끊었어요. 책의 내용이 너무 충격적이었죠. 고기로 사용되는 동물이 어떻게 사육되는지 처음 알았고, 실험동물의 현실을 보면서 큰 충격을 받았어요. 예전엔 참 무식한 상태였는데, 그 책을 읽으면서 모든 동물에게 의식이 있고, 지능이 있고, 감정 나아가 영성도 있다는 사실을 알게 되었죠. 처음으로 '함부로 대하면 안 되겠다'는 마음을 가졌고요. 이윤 창출을 위해 동물을 착취하는 행위에 반대해야겠다는 마음도 들었고요. 내가 할 수 있는 일부터 해보자 해서 고기를 끊은 거죠."I(39세, 사업가, 채식 9개월)

"고기를 정말 좋아했어요. 어릴 때 입이 짧은 편이어서 어른들이 고기를 많이 먹였거든요. 그래도 가죽 제품 사용 등에 관한 문제의식은 어린 시절부터 조금 있었어요. 엄마가 〈여성신문〉을 구독하셔서 나도 종종 읽었는데, 환경이나 생태 문제를 다룬 기사들도 있었거든요. 거기에 관심을 가지며 가죽 제품 사용에 관해서도 문제의식을 가졌죠. 여전히 고기는 즐겨 먹었고요. 그러다 22살에 독일에서 지내며 독일인 남자친구를 사귀었는데 채식하는 사람이었어요. 그를 통해 채식하는 사람들이 있다는 사실을 알았고, 고기가 어떤 과정을 통해 만들어지는지 새로운 정보도 접했죠. 자연스럽게 나도 고기를 안 먹게 되었고요. 독일에는 채식 식당도 많은 편이라 큰 어려움은 없었어요. 하지만 그 남자친구랑 헤어지면서 고기를 다시 먹기 시작했죠." D(40세, 문화연구자, 채식 10년)

"오랜 시간 개를 키웠어요. 개와 함께 살면서 개를 하나의 인격체로 볼 수 있게 되었죠. 굉장히 아끼던 강아지였는데 12년 동안 함께 살다가 병으로 잃었어요. 그러고 나니 '나는 왜 12년 동안 우리 강아지에게 같은 음식만 먹였을까?'라는 생각이 들더라고요. 더 잘해주지 못한 게 후회되었죠. 우리 강아지는 12년 동안 나에게 한결같은 마음을 주었는데 나는 아무것도 해준 게 없다는 걸 깨달았어요. 그렇게 자기반성을 하면서 '동물에 관해 알아봐야겠다'는 생각으로 동물보호단체 홈페이지에 들어갔고, 그 홈페이지를 통해 동물실험, 모피, 채식 등에 관해 처음 접했어요. 그때부터 '그래! 육식을 줄여야겠다' '모피를 사용하지 말아야겠다'라고 생각했고요." F(32세, 취업준비 중, 채식 2년)

"괴로운 중간지대"를 거쳐

주위의 친밀한 환경에 의해서도, 비인간동물에 대한 분열적인 인식이 갖는 문제점을 깨닫는 계기가 생길 수 있습니다. 반려동물, 애완동물과 함께 살아본 경험이라든지, 가까운 사람 중에서 생태적 관점으로 채식을 하거나 동물권을 위해 실천하는 이가 있다면, 그 영향은 직접적이고 즉각적이지요.

"동물보호단체 홈페이지를 통해 반려동물뿐만 아니라 다른 동물의 문제를 보게 되었어요. 다른 동물도 고통을 느끼고, 분노가 있을 거라고 생각했죠. 지능 차이는 있겠지만 고통을 느낀다는 점에서 인간과 다를 바가 없다고, 생각을 정리했어요." F (32세, 취업준비 중, 채식 2년)

"현실적으로 어느 수준까지 실천할 수 있는지, 무엇부터 어떻게 시작하는 게 최선인지 진지하게 고민해야 해요. 고기를 끊는 행위가 나에게는 어떤 의미가 있는지도 깊이 생각하고, 채식하는 과정에서 도움이 될 만한 정보도 열심히 접해야 하고요. 개인적인 차원에서 의미화되지 않는다면 지속하기 어려운 일인 것 같아요." C (37세, 심리상담가, 채식 7개월)

"고기를 끊어야겠다고 생각한 계기는 구제역 창궐했을 때 돼지 생매장하는 영상을 본 순간이었어요. 굉장히 충격적이었죠. 내가 받은 이 끔찍한 충격을 다른 사람들에게 알리고 싶었는데, 내가 채식을 하지 않는 상태에서 다른 사람들에게 그런 말을 한다는 게 너무 모순적이더라고요. 그리고 이전부터 개식용 금지주의자라서 그 문제를 고민하다보니 '그럼 돼지는? 소는?' 하는 질문을 스스로에게 던지게 되었죠. 결국 소고기나 돼지고기를 안 먹는 게 이치에 맞겠더라고요." J(29세, 학생, 채식 2년)

시청각 자극과 같이 우연한 기회로 접한 정보와 친동물적인 사고를 하도록 돕는 주위 환경에 의해서 인간동물은 충격과 분노 또는 공포 등의 심리적 자극을 받게 되지요. 이는 비인간동물에 대한 인간동물의 이중 인식이 존재함을 각성하게 합니다. 각성은 인식의 변화를 일으키고, 인식의 변화는 '의지의 문제'로 전환됩니다.

이를테면 '고통'의 문제를 인간동물을 포함한 동물 전체의 문제로 확장시키고, 동물에 대한 자신의 모순적 인식을 통합하기 위해 어떤 실천을 할지 모색할 수 있겠지요. 즉, 이중 인식에 대한 각성과 의미화 과정은 의식적이고 정치적인 행위 변화의 기반이 됩니다.

"어렸을 때 시골에 가서 개구리를 잔뜩 잡아 대야에 넣고 파이프로 돌리는 놀이를 했어요. 그러면 개구리들이 파이프에 찍혀서 죽었는데 그 모습을 보고는 그냥 '망가졌구나'라고 생각했죠. 그런데 서울로 돌아와서는 그 장면들이 떠올라 너무 괴로웠어요. 어린 시절이었지만 개구리들을 아무런 감정도 없이 잔인하게 죽였다는 사실에 많이 괴로워했던 기억이 나요."D(40세, 문화연구자, 채식 10년)

"나는 무엇에든 감정이입을 잘하는 편이에요. 구포시장에서 시각적인 충격을 받은 후 그 개들에게 감정이입을 하게 되었죠. 개고기 시장이었지만 감정이입은 개에만 머물지는 않았어요. 곧 돼지나 소, 닭 등의 다른 동물에게도 감정이입이 되더라고요."B(32세, 카메라 기자, 채식 2년)

"나는 가슴을 치는 정서적인 충격이나 감흥이 있어야 행동을 바꿀 수 있어요. 동물권에 관련한 자료를 읽고, 구체적인 사례를 통해서 그 동물들에게 감정이입을 했어요. '내가 돼지로 살아야 했다면 어땠을까?'를 생각하면서 이전에 느끼지 못한 정서적 충격, 반응을 경험한 거죠. 그래서 채식을 선택하고, 실천할 수 있었죠."A(35세, 심리상담가, 채식 4년)

동물에 대한 이중 인식을 각성하고 의미화하는 과정은, 동정심이나 감정이입 등 심리적이고 정서적 자극을 동반하면서, 인간동물로 하여금 죄책감과 같은 감정적인 부조화를 경험하게 합니다.

감정적 부조화를 경험하게 되는 이 과정은, 명확하지 않거나 혹은 정리하지 못한 모호한 윤리적 영역으로 볼 수 있는데요. 철학자 스트라찬 도넬리(Strachan Donnelley)는 이 영역을 일컬어 "괴로운 중간지대"(the troubled middle)라고 표현합니다.

감정이입은 인간동물로 하여금 비인간동물의 감정과 동일시할 수 있도록 돕고 나아가 공감의 대상을 확장시켜 관심과 이해의 폭을 넓힐 수 있게 합니다.

도구가 아닌 온전한 생명체로 이해하기

"괴로운 중간지대"를 거쳐 각성과 의미화 과정에 이른 인간동물은, 비인간동물에 대한 이중 인식의 문제점과 한계를 깨닫고, 그 결과 비인간동물에 대한 행위가 변화하기 시작합니다.

동물에 대해 갖는 '이중 인식'의 각성 및 의미화 단계

의식적이고 정치적인 행위 변화를 통해 인간동물은 비로소 비인간동물에 대한 이분화와 대상화, 타자화, 무관심, 절연, 회피, 무시, 외면, 망각, 합리화, 정당화 등 심리적 방어기제들의 영향력으로부터 벗어나게 되지요.

"나도 그랬지만, 사람은 사람 이외의 모든 것을 사용할 무한한 권리가 있다고 당연하게 생각하죠. 무조건 사용자의 입장으로 생각하고 사용하는 거예요. 마치 자본가가 노동자 생각 안 하듯이, 내가 쓰고 부리는 것이 당연하다는 생각이요." B(32세, 카메라 기자, 채식 2년)

"내 관심이 모든 생명체로 확장되었어요. 나는 우리 강아지들을 내 자식이라고 생각하는데, 다른 동물이 겪는 고통을 보면서 그 동물 역시 내 자식 같은 존재가 겪는 고통이라고 생각하면 정말 괴로워요." H(39세, 사업가, 채식 3년)

"예전에는 고통받는 동물을 떠올리면서 동시에 '걔는 동물이잖아, 걔는 닭이잖아, 그래봤자 동물의 고통이잖아, 일단 사람이 살고 봐야지' 하고 합리화, 정당화를 했어요. 지극히 인간중심적인 사고방식이죠. 불편한 마음도 들지만 중요한 문제로 부각할 필요는 없다고 생각했어요. 지금은 달라요. 닭이든 햄스터든 물고기든 그 어떤 동물이든 이제는 개별적으로 보게 돼요. 동물 고유의 습성에 관심을 두고, 동물의 특정 부분만을 보는 것이 아니라 온전한 존재로 인식하게 되었어요. 소는 내게 우유를 주기 위해 존재하는 생명체가 아니라, 돼지는 내게 껍데기를 주기 위해 존재하는 생명체가 아니라, 양은 내게 털을 주기 위해 존재하는 생명체가 아니라, 닭은 내게 달걀을 주기 위해 존재하는 생명체가 아니라, 그 자체로 온전한 존재라는 사실을 깨달은 거죠." A(35세, 심리상담가, 채식 4년)

이와 같은 각성으로 의미화하는 과정을 거친 인간동물은 '주체 혹은 사용자로서의 인간동물'과 '대상 혹은 수단으로서의 비인간동물'이라는 이분화에 이의를 제기하고, 인간동물 중심의 사고방식에 문제의식을 느끼게 됩니다.

또한 인간동물이 임의로 규정한 동물에 관한 종차별(인간 vs 동물)뿐 아니라, 비인간동물 안에서 또다른 종차별로 분화하는 것(개 vs 돼지 등) 역시 비판의 대상이 되지요. 이 과정을 통해 인간동물은 비인간동물의 개별성을 인식하게 되고, 개성이 있는 하나의 온전한 생명체로 이해하고 인정할 수 있게 됩니다.

II

동물의 고통에
  공감할 수 있는
'연결감'
회복

이기심만큼이나 보편적인 정서 '연민'

육식주의 이데올로기에서 벗어나는 과정에서 인간동물의 감정
이입과 연민, 그리고 공감능력은 큰 역할을 합니다.

> "고기를 먹기 위해, 키우던 동물을 죽이고 먹어야 하는 환경에 있으
> 면서도 함께 놀던 동물의 죽음을 대하면서 내가 공포를 느꼈다는 점
> 이 중요해요. 막연하지만 무섭고 두렵고 이상하고 불쌍하다는 마음
> 을 냈어요. 그런 경험은 내가 다른 동물의 고통에 무감한 사람이 아
> 니었다는 사실을 증명한다고 봐요. 나는 무감하지 않던 거예요."
>
> A(35세, 심리상담가, 채식 4년)

"사람이 평생을 좁은 우리에 갇혀서 몸도 돌릴 수 없는 상태로 살다가 잔인하게 도축된다고 생각하면 얼마나 끔찍해요? 사람이 아닌 다른 동물에게 적용해도 마찬가지잖아요. 많은 근본적인 면에서 나와 돼지가 무엇이 어떻게 다른지 모르겠어요. 마취 없이 팔과 다리를 자르고, 부리를 자르면 당연히 고통스럽겠죠. 살아있는 모든 생명체가 그렇지 않겠어요? 바다동물도 마찬가지고요. 사람에게 해서는 안 되는 일을 다른 동물에게는 자연스럽게, 당연하게 가하는 것이 굉장한 폭력이라고 생각해요." G(38세, 여성단체 활동가, 채식 2년)

"동물도 사람의 말을 할 수 있다면, 고통스러운 일을 당할 때 '고통스럽다'고 말할 거예요. 사람인 나에게 고통스러운 일이라면 다른 동물에게도 고통스럽겠죠. 사람인 내게 했을 때 고통스러울 일을 똑같이 다른 동물에게 가하면 역시 고통을 유발하겠죠. 그런 의미에서 학대인 거죠." F(32세, 취업준비 중, 채식 2년)

제임스 서펠(James Serpell)은 인간동물이 비인간동물에게 감정을 이입하고 동일시하는 일, 그리고 비인간동물을 해치는 일에 느끼는 죄의식과 연민은 정상적이고 자연스러운 감정이라고 말합니다. 『개를 위한 변명』의 저자 남유철은 도덕적인 행위가 무엇인지 고민하고 그러한 삶을 지향하려는 인간동물의 의지, 인간동물의 폭력 앞에 무기력할 수밖에 없는 비인간동물에게 갖는 측은지심은 인간동물의 이기심만큼이나 보편적인 정서라고 말합니다.

인간동물의 정상적이고 자연스러운 '공감능력'은 비인간동물의 개별성을 깨닫는 데 원인이자 결과가 됩니다. 비인간동물에 대한 인간중심의 가치관과 행동 방식이 '공감능력'에 의해 비판받게 되고, 그 결과 인간동물은 육식주의 이데올로기에서 점차 벗어나는 것입니다.

타자의 고통에 '공감'하는 힘이 변화를 가져와

'공감능력'은 동물을 인간과 동물로 이분화하는 데 반하여 모두 다 동물이라는 동종 의식을 강조하는 차원으로 확대됩니다. 인간동물이 그동안 비인간동물에 대해 가져온 비현실적이고 추상적인 사고에서 벗어나는 거죠.

> "정보는 차단되었고, 너무 오랜 시간을 생각 없이 살아왔어요. 당연하지 않은 것을 당연하다고 가르치는 것은 잘못이에요. 만일 어린 시절의 나에게 닭과 오리를 잡아먹을지, 먹지 않고 함께 놀지 선택할 수 있었다면 나는 분명 후자를 선택했을 거예요, 확신해요. 나에게 선택의 가능성을 알려주고 선택권을 주었다면, 함께 놀기를 선택했을 거예요." A(35세, 심리상담가, 채식 4년)

> "누군가 내게 있는 그대로 자세히 '네가 먹을 고기는 이런 환경에서 사육되었고, 항생제를 이만큼 맞았으며, 이런 과정을 통해서 네 식

탁에 오르는 거다. 하지만 참 맛있지. 자, 너 먹을래? 안 먹을래?'라고 물었다면 나는 먹지 않는 쪽을 선택했을 거예요. 나에게 그 정도의 판단력은 있었을 거라 믿어요."I(39세, 사업가, 채식 9개월)

육식주의 이데올로기에서 벗어난 인간동물은 '공감능력'을 바탕으로, 비인간동물을 사용하는 문제를 '선택'의 문제로 바라보게 됩니다.

비인간동물에 대한 학대와 착취에 관한 정보를 접하고 대면한 인간동물은, 동물을 바라보는 이중적인 인식에 대해 각성하고 의미화하는 과정을 거쳐, 결국 '육식하지 않을 권리' 등 직접적으로 육식주의 이데올로기와 3N(Normal, Natural, Necessary. 동물을 착취하는 것을 정당화하는 세 가지 방식 '정상적이다' '자연스럽다' '필요하다')에 도전하는 대항 담론을 만들고 정치적으로 실천하기에 이릅니다.

"고통을 기반으로 길러진 존재를 먹는 것은 결국 나에게도 고통을 남기는 일이라고 생각해요. 동물에게 좋은 것이 곧 내게도 좋은 것으로 돌아온다고 믿어요. 내게 좋은 선택이 동물에게 좋은 것으로 되돌아가기도 하고요. 나의 고통과 나 아닌 존재의 고통을 분리하지 않고 하나로 인식할 수 있다면, 동물의 고통이 동물에게만 머물지 않는다는 것을 이해할 수 있다고 봐요. 모든 존재는 서로에게 끊임없이 영향을 주고받는 관계를 맺잖아요. 하나를 보니까 두 개가 보이더라고요. 소, 돼지, 닭을 보니 유기견 보호소 안의 개가 보이고, 동물실험으로 죽어가는 동물이 보이고, 횟집 수족관에 있는 물고기의 눈이 보이는 거예요. 더 이상 동물원에 갈 이유를 찾을 수 없고, 가고 싶지도 않고. 그렇게 더 많은 것이 보였고 더 많은 것에 관심을 갖기 시작했어요. 이전까지는 생각 없이 편안하게 누리던 일상이 영화였던 것처럼, 내가 살아온 그 현실이 꿈이었던 것처럼 나는 그렇게 깨어났어요. 진짜 현실에 눈을 뜬 거죠." A(35세, 심리상담가, 채식 4년)

"갈수록 그 범위가 넓어지고 있어요. 닭을 제외한 고기를 다 끊은 상태에서 우연히 닭의 사육 환경에 관한 정보를 트위터에서 접하고는 과감하게 닭도 끊었죠. 고기를 안 먹으니 자연스럽게 '그럼, 생선은 다를 게 뭐지?'라는 생각도 들더라고요. 수족관에 있는 애들을 바로 잡아서 먹는다는 것이 이미지로 떠오르면서 회를 먹기가 힘들더라고요. 다른 생선류 소비도 줄이게 되고. 풀어놓을 만한 환경이 아니라면 개를 키우고 싶지도 않고, 동물원은 아예 가고 싶지도 않고요. 최근에는 가죽 제품 대신에 인조가죽 제품을 사용하려고 해요. 어렵지만 앞으로 이런 방식으로 더 줄여나갈 것 같아요." E(36세, 여성단체 활동가, 채식 2년)

"채식하면서 점점 모피 등 동물 부산물로 만든 제품에 신경이 쓰이더라고요. 고기를 안 먹는 이유는 동물을 죽이고 싶지 않아서거든요. 그러면서 동물의 모피를 입는 것도 모순이잖아요. 채식 덕분에

인생이 참 피곤해졌어요." J(29세, 학생, 채식 2년)

인간동물의 '공감능력'은 비인간동물의 존재와 구체적인 현실을 타자화하도록 내버려 두지 않습니다. 육식주의 이데올로기의 지배에서 벗어난 인간동물은 존재와 고통에 관한 이분법적 인식을 극복하기 시작하지요.

비인간동물을 위한 것이 곧 인간동물을 위한 것이고, 인간동물을 위한 것이 곧 비인간동물을 위한 것이라는 사고방식 즉, 존재와 고통의 순환 구조를 이해하게 됩니다. 또한 수동적인 의미에서의 '연민'이 아닌, 적극적인 행위와 의지라는 점에서 '공감능력'을 발휘합니다. 스스로 관찰자에 머물지 않고 비인간동물의 경험에 관한 느낌을 공유하는 것입니다.

이렇게 의식적이고 정치적인 행위 변화는 특정한 비인간동물의 문제에 국한되지 않습니다. 육지동물을 중심으로 한 식용동물에 대한 문제의식이 또다른 식용동물인 바다동물의 문제로 확장되며, 전시동물과 모피동물의 문제로도 확대됩니다. 또 다른 차원으로 인식이 확장되는 것이지요.

리프킨(Rifkin)의 표현을 빌자면 여성, 동성애자, 장애인, 유색인종, 소수민족, 소수종교를 믿는 사람들처럼 종전에는 동료로 생각하지 않던 다른 인간에까지 공감의 범위를 확대하는 거죠. 사회적 권리와 정책과 인권법, 심지어 이제는 동물보호법이라는 형태에 이르는 정치적 행위로 발현됩니다.

동물권은 결코 동물들만의 문제가 아니다

"동물권은 동물들만의 문제가 아니에요. 환경과 인권에 이르는 문제죠. 동물권을 생각하는 것은 내 삶을 돌아보는 계기를 만들고, 내 삶을 변화시키는 것을 의미한다고 봐요. 그동안 내가 어떻게 살아왔는지, 잘살고 있는지 성찰하는 기회랄까요." I (39세, 사업가, 채식 9개월)

"큰 그림의 위기를 이야기하는 것도 방법이죠. 지구온난화, 식량위기 문제가 육식과 밀접한 관계가 있잖아요. 1세계 사람들이 먹는 고기를 생산하기 위해 3세계에서 재배되는 식물이 얼마만큼인지, 과도한 육식문화가 어떤 경로를 통해 전세계 식량 위기를 부채질하는지 밝히고 알려야 해요." D (40세, 문화연구자, 채식 10년)

"인간 외 자연을 인간의 필요와 욕구를 채우기 위한 수단으로만 보고 공존의 대상으로 인식하지 않는 게 근본적인 문제지만, 자본주의의 결과인 측면도 무시할 수 없어요. 공장식 축산업이 번성한 이유는 그런 방식으로 고기를 대량 생산·판매해야 돈을 많이 벌기 때문 아니겠어요? 고기를 대량으로 생산하면 많은 이윤을 창출해야 하니 진실을 가리고 세뇌시킬 수 있는 거죠. '고기를 먹어야 힘이 난다' '좋은 날에는 고기를 먹어야 한다' 하는 생각을 조장하고, 끊임없이 세뇌시킨 듯해요." E (36세, 여성단체 활동가, 채식 2년)

"미국의 목장주들은 정치권과 결탁하고 있어요. 미국이 전 세계로

수출하는 식용동물의 비율은 굉장하죠. 제약회사처럼 식용동물을 생산하는 기업이 정치권과 결탁해 육식에 관한 올바른 정보를 은폐하는 형국이에요. 단순히 채식이냐, 육식이냐 선택하는 문제가 아니죠. 육식의 문제는 자본주의의 고질적인 문제와 얽혀 있어요. 그러니 고기를 먹지 않을 권리나, 선택 가능성을 가르쳐주지 않죠. 이윤의 문제인 거예요." I(39세, 사업가, 채식 9개월)

"쉬운 일은 아니지만 직접 씨를 뿌리고 수확해서 음식까지 직접 만들어 먹는 기회를 늘려야 할 것 같아요. 공동체에서 이런 시도를 해보면 좋겠고요. 소비자로서만 살아왔다면 생산과 소비를 함께 하는 시스템으로 삶을 재구성해보는 거죠. 이것도 하나의 방법이에요. 그럴 수 있다면 채식도 훨씬 수월해지겠죠." E(36세, 여성단체 활동가, 채식 2년)

처음에는 특정 비인간동물에 대해서만 사유했더라도, 이것은 또다른 비인간동물의 문제를 포함하여 환경과 인권과 기업 권력 등의 문제로 확장될 수 있습니다. 이는 육식주의 이데올로기의 지배하에 있던 인간동물이 '생명' 중심의 다른 세계관과 가치관을 확립하는 과정이지요.

비인간동물에 관한 이중 인식을 통합해 나가는 과정은, 비인간동물의 삶의 문제를 '특정한 존재의 권리' 문제에 국한시키지 않습니다. 우선, 육식주의 이데올로기를 내면화한 자신의 이중 인식을 깨닫는 과정에서 비인간동물을 사용하는 문제와 자신의 삶을 연결해서 생각해보는 것입니다.

캐서린 그랜트(Kathryn Grant)는 '동물권'에 대해, 인간동물이 지닌 편견을 정직하게 검토하여 오만한 우월감을 극복하게 하는 일종의 시험이라고 평한 바 있습니다. 인간동물이 비인간동물의 입장에서 생각하고, 인간동물과 비인간동물 사이의 연결감을 회복하고자 하는 노력을 기울일 때, 인간동물은 "너"와 "나"를 갈라놓는 그릇된 장벽을 무너뜨릴 수 있다는 것입니다.

그리고 '동물권'에 관한 인식의 변화는 동물의 문제에만 머물지 않고, 육식 등 비인간동물을 중심으로 소비해 온 '소비 시스템'의 변화, 지구온난화 등 지구환경 문제, 식량위기, 공장식 축산업을 중심으로 하는 자본주의 체제, 그 체제 속에 또 다른 사람들이 처한 문제 등으로 이어지게 될 것입니다.

이 세상 만물에 연결되지 않은 문제는 없지요. 인간이 아닌 동물들이 처한 현실의 문제는 돌고 돌아 인간에게로, 다시 돌고 돌아 인간에게로 돌아올 문제입니다.

I2

'사람의
　동물에 대한
인식 자체가
동물학대라고 봐요'

학대: 몹시 괴롭히거나 가혹하게 대우하는 것

'학대(虐待)'의 사전적 의미는 "몹시 괴롭히거나 가혹하게 대우함. 또는 그런 대우"입니다. 그렇다면 '동물학대'는 "인간 외 동물을 몹시 괴롭히거나 가혹하게 대우함. 또는 그런 대우"라는 의미가 되겠습니다.

　　아주 명확한 정의입니다. 그런데 이 '학대'라는 개념 앞에 비인간동물이 붙으면, 인간동물은 '학대'의 의미를 이중적으로 이해하거나 의미 자체를 자의적으로 축소하는 경향이 있습니다. 괴롭힘을 당하고 가혹한 대우를 받는 대상이 인간동물인지, 비인간동물인지 여부에 따라 해당 행위는 학대가 될 수도 있고, 학대가 되지 않기도 하는 겁니다.

예컨대 인간동물의 머리 피부와 머리털을 산 채로 칼로 베어 잘라내는 행위는 명백한 학대이지만, 라쿤과 같은 비인간동물의 전신 피부와 털을 산 채로 칼로 베어 잘라내는 행위는 학대가 아니라거나, 학대인지 아닌지 논란의 여지가 있다고 보는 것입니다.

인간이 고통을 느끼는 행위라면 동물도 마찬가지

윤리적인 이유로 채식을 시도한 적이 있거나, 채식을 하는 사람들 열 명을 만나 인터뷰하면서, 그들이 생각하는 '동물학대'의 정의와 그 구체적인 내용이 궁금해졌습니다. 인터뷰이들이 생각하는 '학대' 범주는 크게 세 가지로 나눌 수 있었습니다.

"신체적으로 눈에 띄는, 싫은 사인을 보내지 않는다고 해도 신체적으로나 정신적으로나 명백한 해를 가했다면 학대인 거죠." J(29세, 학생, 채식 2년)

"고통을 주는 행위라고 생각해요. 어떤 종류의 고통이든." A(35세, 심리상담가, 채식 4년)

"사람인 나에게 했을 때 내가 고통을 느끼는 것이라면, 다른 동물들에게 해도 같은 고통을 줄 거라고 생각해요. 사람의 말을 할 수 있다면 다른 동물도 분명히 고통을 느낀다고 표현했을 거예요. 고통을

유발한다면 그것이 학대죠." F(32세, 취업준비 중, 채식 2년)

우선, 어떤 종류의 위해든 신체적, 정신적 고통을 유발한다면 '학대'라고 인식하고 있었습니다. 공통적으로는 인간동물이 고통을 느끼는 행위를 비인간동물에게 한다면, 비인간동물도 똑같이 고통을 느낄 수밖에 없음을 전제하고 있었습니다. 이것은 신체적, 정신적 고통을 유발하는가 여부를 '학대'의 기준으로 보는 관점입니다.

"인간의 필요나 또는 욕구에 의해 일방적으로 동물에게 해를 입히는 것이 학대 아닐까요?" E(36세, 여성단체 활동가, 채식 2년)

"다른 동물을 먹는다는 것 자체가 학대죠." I(39세, 사업가, 채식 9개월)

두 번째 범주는 '고통을 유발하느냐' 여부를 중심으로 학대를 보는 관점에서 좀 더 넓어진 범주인데요, '육식' 자체를 포함하여 인간동물이 일방적으로 인간동물만의 필요와 욕구를 충족하기 위해 비인간동물을 해하고 착취하는 모든 경우를 학대로 보는 관점이지요.

"무감각, 회피 이 모든 것이 학대라고 생각해요. 저 역시 그래왔지만 직면하기 어려워하고, 고통을 피하기 위해 무감각해지려고 애쓰는 걸 말해요. 동물의 고통을 인식하고, 그것과 나 사이의 연결감을 만들어버리면 굉장히 불편하고 괴로워질 테니 그 감각을 끊어버리는 거죠. 편하게 살고 싶어서 내는 마음들이요." C(37세, 심리상담가, 채식 7개월)

"사람의 동물에 대한 인식 자체가 학대라고 봐요." G(38세, 여성단체 활동가, 채식 2년)

마지막 범주는, 비인간동물에 대한 인간동물의 인식 그리고 앞서 소개한 인간동물이 비인간동물을 착취하고 학대할 수 있도록 돕는 심리적 방어기제 모두 그 자체로 '학대'라고 보는 인식입니다.

'나는 왜 반려용 동물과 식용 동물이 다르다고 믿나'

생각해보면 대부분 인간동물의 인식 속에서 '학대'라는 개념은 단순할 뿐 아니라, 꽤 모순적입니다. 돼지를 잔인하게 때려죽이는 장면을 보면 '동물학대'라고 생각하지만 평생 몸 하나 돌릴 여유 없는 좁은 공간에 갇혀 살다가 잔인하게 도축당해 붉은 '고깃덩어리'로 슈퍼마켓에 진열된 돼지를 보면서는 '동물학대' 개념 자체를 떠올리지 않지요.

이 지점에서 '인간동물인 우리는 왜 같은 대상을 두고 이렇게 다르게 인식하는가?' 하고 스스로 질문하기보다는, 문제를 제기하는 사람들을 향해 다음과 같이 반문하는 이들이 더 많은 게 현실이지요.

"반려용과 식용은 다르지 않냐?" "그럼, 고기를 아예 먹지 말라는 거냐?" "왜 개고기만 안 된다고 하냐? 나는 쌀을 반려쌀로 키우는 사람인데, 그럼 너희들도 쌀을 먹지 마라!" "그렇게 따지면 학대가 아닌 게 어디 있나?" 등.

중요한 것은 우리 자신에게 다음과 같은 질문을 더 많이 던지는 게 아닐까 합니다.

"나는 왜 반려용과 식용 비인간동물이 다르다고 믿을까?" "반려견과 식용견은 정말 다른 존재인가?" "나는 왜 반려견과 반려묘는 사랑하면서, 돼지와 소는 먹고, 너구리를 모자에 달고 다니며, 반려견에게 양고기 간식을 사주는 데는 문제의식을 느끼지 못하는가?" "나는 육식을 줄일 수 있을까? 육식을 중단할 수 있을까?" "나는 왜 동일한 행위를 두고 '대상'에 따라 학대와 학대가 아닌 것으로 나누어 사고하는가?" 등.

생각해 본 적 없어서, 익숙하지 않아서, 미처 알지 못했던 이런 문제 제기를 공격하기에 앞서 깊이 이해하려고 노력해보는 겁니다. 이 사회 곳곳의 이방인 이야기, 낯선 사회 문제들을 이해하려고 기울이는 노력만큼이라도 비인간동물이 처한 현실에 관해, 그 현실을 먼저 이해하고 변화를 위해 애쓰는 사람들의 이야기에 관심을 가져보는 것이지요.

동물학대에서 바다동물은 예외일까?

인터뷰를 진행하면서 육지동물을 중심으로 이야기를 나누다 보니 인터뷰이들이 바다동물에 관해서는 어떻게 생각하는지 궁금해졌어요. 인간동물에게 행하는 어떤 행위가 학대라면 돼지, 소, 닭, 오리, 너구리 등에게 행하는 같은 행위 역시 학대가 될 텐데요. 바다동물에 대해서는 어떤 의견을 가졌는지 들어봤습니다.

"언젠가 참치에 관한 다큐멘터리를 본 적이 있어요. 참치가 굉장히 예민한 동물이라는 사실을 알게 되었죠. 물속에서 헤엄치는 참치의 눈을 보는데 갑자기 구역질이, 심리적인 구역질이 나더라고요. 참치를 잡을 때 쇠고리 같은 것으로 들어 올리는데 피를 철철 흘리는 참치를 보고 사람들은 큰 참치를 잡았다며 굉장히 좋아했죠. 닭고기가 된 닭의 살을 볼 때와 초밥 위에 얹힌 바다동물의 살을 볼 때의 느낌은 같아요. 나에겐 소나 생선이나, 닭이나 생선이나 똑같아요. 적어도 내가 인식하기에는요. 그런데 먹는 것과 관련해서 문제를 제기할 때, 바다동물은 우선순위에 들지 않죠. 순위가 가장 뒤쪽인 게 현실이고요." B(32세, 카메라 기자, 채식 2년)

인터뷰 대상자의 3분 2 정도는 육지동물에 대한 생각과 느낌을 바다동물에게도 확장하고 있었습니다. B와 같이 소비를 줄이거나 중단하는 순서에서 바다동물을 최후의 과제로 남겨두는 경우가 많았습니다. 대다수가 소고기와 돼지고기의 소비를 줄이거

나 중단하는 단계에서 시작해 달걀, 우유, 치즈 등의 소비를 줄이
거나 중단하는 순서로 '비육식'을 시도합니다. 그리고 최종 단계
에서 바다동물 소비를 축소하거나 중단하는 것을 고려하지요.

> "바다동물에 관해서는 생각해 본 적 없어요. 채식도 육지동물을 배
> 제하려는 것이지 아직 바다동물까지는 고려하지 않고 있죠." F(32세,
> 취업준비 중, 채식 2년)

> "바다동물에 관해서는 정말 모르겠어요. 만일 내가 무인도에 닭과
> 물고기와 같이 있다면 닭과는 같이 살고 싶은데, 물고기는 잡아먹을
> 수도 있을 것 같아요. 물 밖으로 나와서 나와 함께 살 수 없다고 생각
> 해서일까요? 모르겠어요. 하지만 샥스핀이나 고래 고기는 먹지 말
> 아야 한다고 봐요. 가능하면 먹지 않는 게 최선이라는 입장이죠. 최
> 근에 그런 생각이 들어서 관련 서적들을 챙겨보기 시작했어요." J(29
> 세, 학생, 채식 2년)

나머지 3분의 1 정도는 바다동물에 관해서 생각해 본 적이
없거나, 적극적으로 생각해본 적이 없다고 답했습니다. 그 이유
는 J의 경우처럼 육지동물에 비해 정보가 상대적으로 적어 거리
감을 느껴서였죠. 또 몇몇 인터뷰 대상자는 육지동물의 소비를
중단한 상태에서 바다동물에까지 문제의식을 확장할 때 겪는
어려움 때문에 "의도적으로 의식하기를 멈추고 있다"고 답했습

니다.

윤리적 고민은 변화와 선택의 가능성을 열어준다

문제는 인간동물에게 고통일 수 있는 가해는 비인간동물에게도 고통일 수 있는 가해라는 데 있고, 그 '비인간동물' 안에는 육지 동물뿐 아니라, 바다동물이 포함된다는 사실입니다. 혹자는 바다동물이 고통을 느끼는 것은 불가능하다고 주장하지만, 이미 수많은 연구에서 바다동물 역시 고통을 느낀다는 사실이 증명되었습니다.

피터 싱어와 멜라니 조이에 따르면, 어류와 파충류는 포유류가 나타내는 대부분의 고통 행위를 보인다고 합니다. 심지어 인간동물의 제한적인 청력 때문에 결코 들을 수는 없지만, 이들이 고통을 느끼면 소리를 내기도 한다는 겁니다. 많은 동물학자가 물고기의 입술에 산성 물질을 바르면 큰 고통을 느낀다는 사실, 갑각류 역시 인간동물과 유사한 신경 체계와 신경 세포를 가지고 있다는 사실, 물고기의 기억력이 최소 3개월에 이른다는 사실 등을 밝혀냈습니다.

'육지동물로도 모자라 이제는 바다동물도 고통을 느낀다는 말도 안 되는 소리를 하고 있느냐'며 나무라는 분이 있을지도 모르겠습니다. 하지만 현실은 바다동물이 고통을 느끼는지에 관한 관심을 뛰어넘어 '바다동물에게 감정이 있는가, 없는가'의 문제로 확대되고 있답니다.

인터뷰 대상자의 대부분은 일반적으로 쓰이는 '학대' 개념을 확장해야 한다고 말했습니다. 실제로 인간동물의 비인간동물에 대한 인식 자체가 '학대'라고 말한 분도 있었지요. 이 학대 개념 안에 바다동물을 포함시킬지 말지가 또 하나의 고민거리가 되었고, 적지 않은 분이 갈등하고 있었습니다.

고민하고 갈등한다는 것은 곧 또 다른 변화, 선택의 가능성을 의미하지요. 마치 육식을 하고 모피를 걸치는 것에 어떠한 문제의식도, 두려움도 없던 이들이 이러저러한 계기와 기회로 현실에서 벌어지는 비인간동물 학대와 착취에 적극적인 관심을 가지게 된 것처럼 말입니다.

어쩌면 우리는 이미 비인간동물이 일상적으로 겪는 고통의 무게를 알고 있었던 게 아닐까요? 그렇지 않고서야 의식적으로든 무의식적으로든 우리가 어떻게 그토록 오래 회피하고, 묵인하고, 동조하고, 침묵할 수 있었겠습니까. 어쩌면 우리는 이미 답을 갖고 있는지도 모르겠습니다. 여전히 현실을 들여다보기를 두려워하고, 새로 알게 될 현실 앞에 갈등하니 말입니다. 우리가 회피하고, 갈등하고, 두려워한다는 것은 곧 우리 안에 방어기제뿐만 아니라 공감능력 역시 자리한다는 사실을 증명하는 것이기도 합니다.

그러면 앞으로 무엇을 어떻게 하면 좋을까요? 이 문제에 관한 구체적인 답을 찾는 과정을 1부 마지막 글에 담아보겠습니다.

13

당신은
　생각보다
큰 변화를
일으킬 수 있다

완전채식을 시도하다

그래서 무엇을 할 것인가? 이에 관한 다양한 방법을 소개하기에
앞서, 개인적인 경험을 나누고자 합니다.

　비인간동물에 관심을 가지면서 제 일상에도 참 많은 변화가
생겼습니다. 가장 먼저 소, 돼지, 닭, 오리 등 소위 '식용동물' '농
장동물'로 불리는 비인간동물을 재료로 하는 음식 섭취를 끊었
습니다. 그랬더니 친구들과 만나 함께 식사할 때 약간 불편해지
고, 외식의 기회가 점점 줄어들었습니다. 의도하지는 않았지만
그 덕분에 지출도 그만큼 줄어들었죠.

　무엇보다 충격적인 변화는, 평소 채소와 과일을 굉장히 싫어
하던 제가 그야말로 '의식적으로' 육식을 끊고 나니 억지로라도

채소와 과일을 먹을 수밖에 없었고, 그리하여 채소와 과일에 조금씩 친숙해졌다는 것입니다. 물론 비육식을 해나가는 과정에서 비인간동물의 현실이 담긴 영상을 잊지 않고 열심히 찾아보았고, 동물권이나 동물보호에 관한 책들도 읽으며 마음을 다잡았습니다.

비육식을 하다 보니 자연스럽게 바다동물의 존재에도 관심이 생기더군요. 제 오랜 꿈 하나가 '생선초밥으로 가득한 방 안에 들어가서 그 초밥들을 다 먹으면서 죽는 것'일 만큼 저는 회와 초밥을 좋아했어요. 그런데 바다동물에 관심이 생기다 보니, 얼마동안은 그 관심을 끊어버리고 싶어서 무시, 회피, 부정 등의 굉장한 방어기제를 억지로 작동시키기도 했답니다. 그런데도 한번 생긴 관심이 사라지지 않는 거예요. 그래서 기간을 3개월로 정해두고 육지동물에 이어 바다동물 섭취를 끊어보기로 결심하고 '완전채식'이라는 것을 실천해보기로 했죠. 결과요? 결과는 '실패'였습니다.

채소와 과일을 먹는 기쁨을 아는 사람이었다면 성공할 가능성이 더 높았을 텐데, 저는 바다동물까지 완전히 끊어버리니 세상천지 먹을 음식이 하나도 없는 것 같더라고요. 가족이나 친구들을 만나서도 식사 메뉴 문제로 골머리를 앓아야 하고, 집에서 식사를 해도 불행하게 느껴져서 견딜 수가 없는 겁니다. 그래서 은근슬쩍 완전채식 도전을 끝내고는 '나는 아직 완전채식을 할 수 없나 봐. 이건 사는 게 아니야'라며 정당화하곤 했지요.

하지만 그 시도 자체가 완전히 무의미하진 않았습니다. 그 시기를 지나고 다시 바다동물을 섭취했지만, 회와 초밥은 끊었습니다. 회식이나 친구, 가족과의 만남이 있어 단체로 식당을 찾는 경우가 아니라면, 애써 바다동물로 만든 음식을 사 먹거나 만들어 먹지는 않게 되었어요. 완전채식에는 '실패'했지만, 바다동물 소비를 줄이는 데는 큰 '성공'을 거둔 셈입니다.

저는 여전히 제가 완전채식을 할 수 없다는 사실을 압니다. 오징어가 곁들여진 '충무김밥'의 유혹에서도 완전히 벗어나지 못했지요. 그러나 정치적·윤리적 이유로 완전채식을 실천하는 분들에게 깊은 존경심과 감사한 마음을 가지고 있습니다. 언젠가는 제가 완전채식을 실천할 수 있기를 바라고, 앞으로도 노력해볼 생각입니다.

'구스 다운' '덕 다운' 대신 '솜 패딩'을 찾다

육지동물과 바다동물 소비를 끊거나 줄이는 시도와 함께 소위 '모피동물'로 만든 제품을 구입하지 않는 것도 시도했습니다. 지갑이나 가방은 물론이고 벨트 하나를 사더라도 소가죽 등 비인간동물의 가죽으로 만든 제품을 사지 않았고, 브랜드 운동화도 구입하지 않기로 했어요. 제가 좋아하는 스타일의 브랜드 운동화는 대부분 소가죽으로 만든 거였으니까요.

비인간동물을 이용하지 않은 겨울옷을 구입해보기도 했습니다. 라쿤(너구리)털이 안 달린 옷을 찾기가 어렵더군요. 오리나 거위의 털이 안 들어간 옷을 찾기도 어렵고요. 작정하고 옷을 구해보니 육지동물이나 바다동물이 안 들어간 음식을 찾는 것만큼이나 비인간동물의 털이나 가죽을 쓰지 않은 제품 찾기가 어려운 건 실감하였습니다.

그래도 '구스다운' '덕다운' 대신 '솜 패딩'을 찾았고, 모자든 어디에든 동물의 털이 아예 달리지 않은 옷도 결국 찾아냈습니다. 요새는 패딩에도 프리마로프트, 신슐레이트 등 신소재를 이용한 옷이 다양하게 출시되고, 가죽 대신 인조가죽으로 만든 제품도 활발하게 제작·판매되고 있습니다. 필요한 건 약간의 불편함을 감수하는 마음뿐인 듯해요.

이제 저의 관심은 동물원에 전시되는 전시동물, 인간동물의 건강과 장수를 위해 학대당하는 실험동물, 개체수 조절이나 인간동물의 이기심으로 합법 총살형을 받은 멧돼지, 제주 노루 등 야생동물 등으로 확대되고 있습니다. 비인간동물을 위해 제 일상에서 어떤 노력을 할 수 있을지 아직 충분히 생각하진 못했습니다. 앞으로의 과제입니다.

이 글을 읽는 분 중에 피로감을 느끼는 분도 있을 듯합니다. 당연한 일입니다. 저도 제 변화한 일상을 되돌아보면서 글로 적어가니 피로감이 몰려옵니다. 그래도 할 수 있는 일이 무엇인지를 생각하고, 할 수 있는 만큼의 변화를 시도해보는 것이 중요합니다. 우리가 느끼는 이 '피로감'과 비인간동물이 겪는 '고통'은 비교할 수 없는 거니까요.

인간동물 모두가 갑자기 완전채식인이 되고, 비인간동물을 전혀 이용하지 않는 상태가 되기는 불가능합니다. 더 이상 도망치지 않고, 외면하지 않고, 무시하지 않고, 일상에서 '다른 선택'을 해볼 수 있을 뿐입니다. '내가 덜 입고 덜 먹으니 나로 인해 죽고 이용되는 동물의 수도 줄겠거니'라고 생각하며 소비를 최소화하고, 소비의 고리를 끊어내려고 노력하는 거예요.

지금 당장 모든 고리를 다 끊으려 할 필요는 없겠지요. 그럴 수 있다면 좋겠지만, 대부분의 사람들에게 특히 저와 같은 초심자에게는 보통 어려운 일이 아닙니다. 그저 할 수 있는 만큼만 찾아 시도해보기를 권합니다.

싸움닭과 '치맥' 닭, 어느 쪽이 더 비참할까

'무엇을 할 것인가?' 이에 관해 동물권, 동물보호 관련 학자들과 활동가들은 다양한 방법을 제시해 왔습니다. 진 바우어나 남유철은 다소 시혜적인 의미를 담은 개념이지만 '측은지심'을 발휘해보라고 권합니다. 측은지심은 인간동물이 비인간동물의 고통에 무관심하려 들고 회피하려는 것만큼이나 보편적인 정서라고 설명합니다. 정치적이고 윤리적이고 당위에 가득한 이유가 아니어도, 인간동물에 의해, 인간동물만을 위해 착취당하고 학대당하는 비인간동물에 대한 측은지심만으로도 작은 결심을 해낼 수 있지요.

133

캐서린 그랜트, 제임스 서펠, 제러미 리프킨, 피터 싱어 등 많은 이들이 강조하는 것은 인간동물의 '공감능력'입니다. 리프킨에 따르면, 공감은 다소 수동적인 의미의 측은지심을 넘어 적극적인 참여를 포함하는 개념입니다. 나와 다른 주체가 하는 경험과 느낌을 공유하는 것이 바로 공감이죠. 공감한다는 것에는 나와 다른 현실을 살아가는 장애인, 여성, 동성애자, 이주노동자, 소수민족 등 사회의 소수자가 겪는 경험과 느낌을 공유한다는 의미도 있습니다. 이런 공감을 인간동물의 범주를 넘어 확장하는 것이지요. 인간이 아닌, 비인간동물이 겪는 고통스러운 경험과 느낌에 대해서도 말입니다.

리프킨은 이렇게 확장된, 혹은 보편화된 공감능력이 결국 대상에 대한 새로운 보편적 인식으로 이어질 수 있다고 말합니다. "상대방에게서 나 자신을 인식하고 내 안에서 상대방을 인식하는 능력이야말로 깊이 있는 민주적 경험이다"라는 멋진 말도 하고요.

덧붙이자면, 우리 자신에게 조금 더 솔직해지면 어떨까 합니다. 고통을 느끼기에 충분한 비인간동물의 현실을 덜 외면하려고, 더 들여다보려고 노력해보면 어떨까요? 고통을 느낄 비인간동물을 생각하며 '쟤네는 인간이 느끼는 고통과는 다른 차원의 고통을 느끼는 거야'라고 자기 암시를 걸지 않도록 노력하는 거죠. 그건 '사실'이 아니니까요.

에리카 퍼지는 이런 말을 했습니다. "만약에 쥐의 고통이 인간이 겪는 고통과 원칙적으로 다르다면, 실험이 무슨 필요가 있단 말인가? 우리는 동물을 도구이자 잉여 장기의 전달자로 간주하지만, 또한 우리 몸을 수선하기 위해 동물을 이용할 생각을 할만큼 우리와 비슷하다는 점도 알고 있다"고요.

니겔 로스펠스도 비슷한 말을 했습니다. "비인간동물은 인간이자 비동물이 되도록, 인간이자 비인간이 되도록 조련되었다"고요. 이는 같은 대상에 대해 일관적이지 않은, 인식의 불일치를 통합하기 위해 노력하자는 얘깁니다. 무턱대고 '다르다'고 간주한 비인간동물이 실은 그렇게 다르지 않다는 거죠. 이런 '사실'에 주목하고, 솔직한 마음을 내어 비인간동물에 대한 비현실적이며 추상적인 사고와 접근에서 벗어나, 인정할 건 인정하자는 얘깁니다.

덮어놓고 '인간동물이 비인간동물을 착취하는 건 당연하고 자연스러운 일이야!' '비인간동물의 고통을 공감하면 대체 날더러 어떻게 살라는 거야?'라는 생각을 잠시 중단하고, '무엇이 두려워서 나는 비인간동물의 현실을 보려고 하지 않았지?' '나는 왜 비인간동물의 현실을 보지 못했던 것일까?'라는 질문을 새로이 던져보는 겁니다. 벌어지는 현실에 눈감지 말고, 도망치려는 마음을 붙들어, 자연스럽고 당연한 일로만 여겨온 문제를 있는 그대로 거짓 없이 투명하게 바라보고 생각해보는 것이지요.

할 헤르조그는 말합니다. 소위 '투계'로 길러지는 닭의 일생과

'치맥'용으로 길러지는 닭의 일생을 생각해보자고요. 싸움닭의 말로는 비참하지만, 싸움판 위에 오르기 전까지 투계들은 넓은 공간에서 자유롭게 뛰어다니며 햇빛을 만끽하고, 일부 사람들보다도 나은 음식을 먹기도 한답니다. 그러나 아시다시피 '치맥'용 닭은 "상상 못 할 정도로 불결한 환경에서 지내는 동안 다리가 쑤시고 폐에 통증을 느끼며, 하늘은 구경도 못하고, 풀밭을 거닐거나 교미하거나 벌레를 잡아먹지도 못한 채 매일 넌더리 나는 먹이를 42일간 받다가 비좁은 상자에 담겨 트럭에 실린 후 공장으로 이동해서는 거꾸로 매달린 채 감전사당해 목을 잘리게" 되죠. 그렇다면 어떤 닭의 일생이 더 낫겠느냐는 거예요.

다시 말하면 '투계꾼이 더 나쁜가, 치맥에 열광하는 우리가 더 나쁜가'의 문제이기도 할 겁니다. 동물학대 가해자의 범주 안에 나는 없었는지, 없는지, 없을 것인지 따져 보자는 제안이지요.

동물복지 인증⋯ '좋은 소비' 선택하기

좀 더 구체적인 제안들이 있습니다. 진 카제즈는 "인류 최초의 사냥꾼이 생존을 위해 동물을 죽이기로 결심했을 때만 해도 잘못된 것이 없었다"고, 잘못은 "단지 사치스러운 이익을 더 얻기 위해 (비인간)동물을 죽이기 시작했을 때, 그리고 필수적인 것을 얻기 위해 필요한 양보다 더 많은 수의 동물을 죽였을 때"였다고 말합니다. "기술이 발전한 지금의 이 풍요로운 시대에 오직 (비인간)동물에게서만 얻을 수 있고 다른 방법으로는 얻을 수 없는 필수품은 거의 없다"는 겁니다.

사실이지요. 다행스럽게도 이제 인간동물에겐 반드시 비인간동물을 학대하고 착취하지 않아도 살아갈 만큼의 기술력과 지혜가 있죠. 이런 능력을 더 발휘하는 노력이 필요합니다.

가장 유명한 제안은 채식, 비육식이지요(다들 이미 아는 방법일 테니 따로 언급하지 않겠습니다). 그만큼 유명한 방법이 하나 더 있습니다. '좋은 소비'를 하자는 겁니다.

조너선 사프란 포어의 표현대로 "웨이터가 주문을 기다릴 때, 혹은 쇼핑 카트나 장바구니에 마음 내키는 대로 뭔가를 골라 담을 때 무엇을 선택하느냐에 따라 골리앗 같은 식품 산업 전체가 궁극적으로는 움직이고 결정"됩니다. 마트에서 쉽게 선택할 수 있는 제품이 비인간동물에게 지옥인 공장식 축산업을 통해 생산된 고깃덩어리죠. 조금 더 싸고 많은 양의 고기를 얻으려면 공장식 축산업이 필수인 세상이 되었고, 우리가 별생각 없이 그 고기를 선택하는 것만으로도 이 끔찍한 산업을 지원, 지지하는 결과를 낳습니다.

따라서 똑같은 달걀이라도 동물복지 인증을 받은 방사란을 선택하거나, 동물복지 개념을 바탕으로 사육된 비인간동물로 만든 고기를 구입하는 방법을 모색해보는 것이지요.

육식 외의 영역에서도 마찬가지입니다. 오리털이나 거위털 충전재 대신 솜을 넣은 패딩을 입고, 가죽 제품 대신 인조 가죽 제품을 살 수 있겠죠. 화장품도 동물실험을 하지 않은 제품을 찾아 구입하고, 드넓은 공간에서 자유롭게 살았어야 할 비인간동물이 감금·사육되는 동물원, 수족관, 동물 공연장에는 아예 발을 들이지 않는 것입니다.

물론, 육식에서 '좋은 소비'라는 것은 정도의 한계가 있습니다. 할 헤르조그는 "가축의 복지를 확대하려는 동물권의 보호활동가들의 노력이 고기 소비를 줄이기보다 도덕적으로 바람직한 소비를 늘리는 효과를 낳았다"며, 오히려 육식을 하는 사람들이 느낄 죄책감을 덜어주는 역할도 했다고 비판합니다. 잔 카제즈는 이를 두고 "존중을 담은 착취"라고 표현하며 "존중을 담은 착취"는 모순 어법일 뿐, 존중한다면 착취하지 않아야 한다고 강조합니다. 착취한다는 것은 어찌 되었든 간에 존중하지 않음을 의미한다는 거죠.

그래도 저는 '좋은 소비'를 위한 인식이 보편화되고, '좋은 소비'를 위한 선택의 영역이 확장되어야 한다고 생각합니다. 모두가 당장 완전채식을 할 수 있다면 뭐가 문제겠어요? 문제는 그럴 수 없다는 데 있고, 동물권이나 동물보호에 관해 인식하는 수준과 단계, 속도와 정도는 사람마다 다를 텐데, 그 차이도 인정하고 존중해야 한다고 보기 때문입니다.

동물권, '실천 방법은 생각보다 매우 간단하다'

이 외에도 우리는 변화를 위해 이런 노력을 해볼 수 있습니다. 〈동물권단체 케어〉, 〈동물자유연대〉, 〈동물권행동 카라〉, 〈부산

동물학대방지연합〉 등 동물권 관련 단체에 회원 가입을 하고, 후원하고, 활동도 해보는 것이지요. 그 과정에서 해당 단체가 진행하는 동물권 법 개정 및 제정 운동에 힘을 실을 수도 있습니다. 다양한 캠페인 현장을 찾아가 소중한 역할을 해낼 수도 있겠지요.

특별히 개나 고양이를 좋아하는 분이라면, 사설 유기동물보호소를 찾아 정기적으로 자원 활동을 하거나 유기동물 입양 캠페인을 벌이는 동물보호단체 회원이 되어 활동하는 방법도 얼마든지 있습니다. 이런 활동을 하는 조직을 마음 맞는 친구들과 함께 직접 만들어 운영해도 좋겠지요. 유기동물보호소 자원 활동을 하는 모임이나 동물권, 동물보호 관련 독서모임 등을 만들어 보는 거예요.

비인간동물의 권리에 관한 문제는 인간동물의 권리와도 매우 깊이 연관되어 있습니다. 우리가 만일 육식을 줄이거나 중단하는 선택을 한다면, 이런 선택을 하는 사람들이 늘어나고 여러 집단을 구성해낸다면, 공장식 축산업을 지탱하는 대기업 중심의 산업 구조에 작은 균열을 낼 수 있을지도 모릅니다. 공장식 축산업의 피해를 고스란히 받는 소규모 농가 농민, 환경오염으로 고생하는 지역민을 살리는 일이기도 하지요. 항생제와 고통에 찬 비인간동물의 살과 피를 먹지 않거나 섭취를 줄임으로써 나, 가족, 친구들의 정신적, 육체적 건강의 회복을 도울 수도 있습니다. 무엇보다 비인간동물 하나의 생명을 구하는 일이겠지요.

인터뷰 대상자 중에서 한 사람이 했던 말이 떠오릅니다. "못 먹는 게 아니라, 안 먹는 거야." 안 먹을 수 있다면, 덜 먹을 수 있다면, 착취하지 않을 수 있다면, 덜 착취할 수 있다면 그 방법을 찾기 바랍니다. 비슷한 문제의식을 느낀 이들이 모인 공간을 찾고, 그런 모임을 만들고, 외면하거나 잊기 쉬운 문제를 끊임없이 상기하는 기회를 스스로 만들 수 있다면, 앞서 소개한 방법 외에도 더 다양한 대안을 찾아낼 것입니다. 그리고 외롭지 않게, 서로 힘을 북돋우며 새로운 일상을 하나씩 구성해낼 수 있으리라 생각합니다.

한 가지, 꼭 전해드리고 싶은 이야기가 있습니다. 지금까지 많은 대안, 우리가 할 수 있는 또 다른 선택을 소개했습니다. 강조하고 싶은 것은 어떤 시작이든 유연하게 시작하기를 바란다는 것입니다. 충격을 받아서든, 합리적인 이유 때문이든 비인간동물 소비를 단숨에 끊어내기에는 큰 어려움이 있습니다. 물론 단칼에 끊을 수 있다면 가장 좋겠지만, 매우 어려운 일이죠. 따라서 가죽벨트 사용부터 중단해보거나, 햄버거 소비부터 중단해보거나 하는 식으로 하나씩 유연하게 접근하는 게 가장 현실적이고, 좋다고 봅니다. 처음부터 완벽하게 하려고 애쓰다 보면 지치는 순간이 올 수도 있어요. 그럴 때면 또 잠시 쉬고, 하나씩 유연하게 다시 시작해보는 겁니다.

마지막으로 캐서린 그랜트의 글을 인용하면서 글을 마치려고 합니다. 읽어주시고, 공감해주신 많은 분들에게 감사드립니다.

"우리가 동물에게 무슨 짓을 저질렀는지를 잊지 않고 우리의 온 마음을 두려움 없이 열어 이 '타자들'이 겪고 있는 일을 바라보는 것, 이것이 아마도 가장 어려운 일인지 모른다. 특히 동물들이 그 모든 것을 전혀 원하지 않았음에도 오직 인간의 분별없는 선택에 의해 그런 일을 겪고 있다는 사실을 받아들이기란 그렇게 쉬운 일이 아니다. 하지만 우리가 동물에게 어떤 고통도 주지 않고 살아가기로 결심했을 때, 그 실천 방법이 생각보다 매우 간단하다는 것은 정말로 다행스런 일이다. 동물이 겪는 엄청난 곤경에 압도당할 필요는 없다. 그보다 오히려 양식 있고 선한 개인이 생각보다 큰 변화를 일으킬 수 있다는 사실에 감사하는 편이 낫다."

- 캐서린 그랜트

동물권을 위해 실천하는

10인의 인터뷰

A

나는
    못 먹는 게
아니에요,
안 먹는 거예요

1978년생, 심리상담가, 불교

육식기간이 얼마나 되는 거죠?

태어난 순간부터 세면 2002년까지 약 25년 육식을 했죠. 그러다 2년가량 육식을 중단한 경험이 있고, 그 후에 다시 먹었는데 그 기간이 5년 정도입니다.

본격적으로 채식을 시작한 지는 얼마나 되었나요?

이제 2년 차에 접어드네요.

채식수준이랄까요, 어느 범위까지 먹고 안 먹나요?

고기는 거의 끊었어요. 이제는 우유나 치즈 같은 유제품을 사지도 않고, 햄이나 계란을 빼달라는 말을 미처 못해서 김밥을 그대로 먹거나 우유가 들어간 커피를 가끔 마시는 정도고요. 궁극적으로는 완전채식이 목표인데 바다동물도 거의 안 먹는 편이지만 먹기는 하는 상황이죠. 완전채식을 100이라고 보면 90퍼센트쯤 끊었다고 볼 수 있겠네요.

맥락 없이 이런 질문을 해서 미안한데요, 혹시 동물학대나 착취의 경험이 있나요?

다른 친구들이 벌레를 밟아 죽이거나 곤충을 가지고 놀다 죽인 건 기억하지만, 내가 그런 적은 없어요. 성장한 후의 일이지만 동물을 방치한 적은 있죠. 집에서 키우는 개를 제대로 케어하지 못하고 방치한 경험은 많은 편이에요. 이것도 넓은 범위에서는 학대죠.

동물학대나 착취를 어떻게 정의할 수 있을까요?

고통을 주면서 이용하는 것, 불필요한 상황에서도 동물을 취하는 것이요.

"불필요한 상황"은 어떤 상황이죠?

절박한 필요가 아닌 그저 그런 나의 필요에 의해 다른 동물에게 고통을 주는 상황이요. 이 모든 것이 결국 학대고 착취죠.

스물다섯 살까지 고기를 먹다가 2년 정도 고기를 끊은 이유나

계기가 있었나요?

고기를 끊도록 자극을 주는 좋은 환경이었어요. 채식하는 친구가 있었죠. 당시 분위기는 '채식'이라는 말 자체도 흔하지 않았거든요. 그 친구를 보면서 '아, 저렇게 사는 방법도 있구나' 하고 생각했죠. 그 친구를 위해 버섯을 구워주는 등 배려를 하면서 채식도 여러 선택지 중 하나인 걸 알았어요. 내 생활방식을 바꾸는 데까지 바로 이어지지는 않았죠. 당시의 내게 채식은 여전히 '다이어트용'이었다고나 할까요.

그러다 우연히 동물권 단체에서 만든 소책자를 읽었어요. 닭이 얼마나 비좁은 공간에서 열악한 환경에서 자라는지, 돼지와 소가 어떻게 도살되는지 등의 정보가 담긴 책자였죠. 그 자료를 읽고 마음속 깊은 곳에서 분노와 공포를 느꼈어요. 그런 정보를 처음 접했던 사실에도, 내가 동물들의 처지를 상상조차 하지 않은 채 지낸 시간에도 화가 났어요. 나는 그토록 평화롭게 살아왔는데, 한편에서 다른 동물들은 전쟁 같고, 지옥 같은 공간에서 살고 있다는 사실을 알고도 고기를 계속 먹을 순 없겠더라고요. 채식을 선택한 그 친구도 떠오르면서 '그래, 나도 시작해보자'는 마음으로 육식을 중단했어요. 내 눈앞의 고기가 어떤 과정을 통해 오는지 상상조차 못한 사실을 알아버린 거예요. 그걸 외면하면서 고기를 먹고 싶지는 않더라고요.

세상이 지옥으로 느껴지는 순간 있죠? 내가 사는 세상은 평화로운데 전쟁을 겪는 다른 나라의 상황을 접하면 '이 지옥에서 나는 대체 뭘 하고 있는 걸까?' 하고 생각하는 상황과 비슷했어요. 내 일상은 굉장히 평온한데, 같은 시간 다른 공간에 사는 동물들이 처한 지옥 같은 상황을 용납하기 어려웠죠. 결국 내가 채식을 시도한 가장 크고 직접적인 이유는 다른 동물들 때문이에요. 덕분에 다른 문제에도 관심을 확대했지만요.

그런데 2년 정도 채식을 하다가 다시 고기를 먹었다고 했잖아요? 그 이후 5년간 육식을 한 거네요. 채식을 중단한 이유가 있었나요?

고기를 끊은 상태로 사람들하고 관계를 맺고, 사회생활을 하기가 쉽지 않더라고요. 2년간 채식을 하면서 놀림도 많이 받았고, 싸우기도 많이 싸웠어요. 고기를 끊으니 동물실험, 유기견 문제도 보이고, 온 세상 동물이 제대로 살지 못하는 현실이 보였죠. 이기적인 인간이 너무 싫었어요. 고기를 끊고 보니 회도 달리 보였어요. 횟집 도마 위에서 죽기 직전 파닥거리는 소리를 듣기가 너무 괴로워지더라고요. 이런 상황에서 사람들에게 "왜 고기를 먹지 않느냐?" "네가 고기를 안 먹는다고 달라지는 게 있냐?" 하는 질문을 듣고, 답하고, 논쟁하는 일이 반복되면서 내 삶이 너무 피곤하고 피폐해지는 느낌이 들었어요. 그때 만나던 애인이 채식을 하지 않는 것도 채식을 유지하기 힘든 요인이 되었죠. 전혀 유연하지 못했어요. 그만큼 채식을 무겁게 했죠.

그러다 어느 순간 '정말 이런다고 세상이 바뀌겠어?'라는 비관적인 생각이 들었죠. 나만 바뀐다고 달라질 게 뭔가, 내 힘으로 도살장을 어떻게 바꿀 수 있나 등 부정적인 생각을 참 많이 했어요. 환경적으로 채식을 유지하기 어려워서 더 그랬나 봐요. 사람들하고 언쟁하다가 "콩나물은 왜 먹니? 사람들도 살아야 할 거 아니냐?" 이런 말을 들으면 굉장히 혼란스러웠어요.

그러던 어느 날 당시 애인의 부모님이 경영하는 고깃집에서 일하게 되었어요. 채식을 할 때 고기 굽는 냄새를 맡으면 사람 살 타는 냄새처럼 느껴졌는데, 그 냄새에도 금세 익숙해졌죠. 고기를 굽고 자르고, 사람들이 흥겨워하는 분위기에 적응되고 익숙해지더라고요. 굉장히 줏대가 없던 시절이었죠. 그래도 예전처럼 고기를 막 찾아 먹지는 않았어요. 고기를 내가 필요한 만큼만 먹고, 정말 감사하고 미안한 마음으로 먹자고 생각했거든요. 이전과는 다른 방식의 사고였어요. 과거에 비해 식생활은 많이 개선되었다고 봐요. 마음 한구석에 절망감과 패배감도 있었죠. '나는 세상을 바꿀 수 없어. 나는 채식을 할 수 없는 사람인가 봐'라는. 스스로 '할 수 있는 만큼이라도 실천하자'는 타협안을 내놓고 수용하면서 씁쓸한 마음도 들어요.

그 이후에는요? 다시 채식을 시작한 거죠?

네, 지금 파트너랑 함께 사는데요, 파트너가 고기를 끊으면서 나도 다시 시작했어요. 고기를 끊을 수 있는 환경이 참 중요하다고 생각해요. 환경이 받쳐주지 않는 상황에서 고기를 끊고 생활하던 당시에는 나 자신이 이방인 같다는 느낌이 많이 들었거든요. 그런데 같이 사는 사람과 함께하니 우선 마음이 전처럼 무겁지는 않더라고요. 두 번째 시도라서 그렇기도 하겠지만요. 이전보다는 조금 더 유연해져서 절망적이기만 하지 않고요. 흑백논리로 사고하지도 않아요, 더 이상. 결과보다는 결과를 향해 가는 과정의 의미가 중요해졌죠. 더 잘할 수 있다는 마음으로 다시 시작했어요. 여전히 결과를 확신할 수는 없으니 속상한 마음이 들 때도 있지만. 이전보다 온전하게 잘할 수 있을 것 같아요.

육식기간이 1기와 2기로 나뉜 거네요? 같은 육식기간이지만 그 내용이 다르고요.

1기 때를 돌이켜 보면 기가 막혀요. 무감함과 분열, 회피, 정당화, 무식함으로 점철된 시기였어요. 어린 시절 우리 집엔 닭장과 오리장이 있었고, 저는 닭과 오리들을 친구 삼아 지냈어요. 그러던 어느 날, 집에서 일하던 언니가 닭의 목을 비틀고 칼로 잘라 죽이는 장면을 본 거예요. 굉장한 충격이었어요. 하지만 나는 아무에게도 그걸 말하지 않았어요. 충격을 마음 한편에 간직했달까요.

그날 목격한 장면은 끔찍하고 무섭고 충격적이었지만, 공포영화를 보고 나서 빨리 잊으려고 노력하듯이, 잊어야 일상을 지속하는 데 방해받지 않으니까 그때도 그랬던 것 같아요. 마음이 편해지려면 동물을 먹는 영역과 먹기 위해 죽이는 영역으로 분리해버려야 하죠. 그리고 먹기 위해 죽이는 영역은 생각하지 않으려고 애쓰고요. 실제로 그 친구로 만든 그 음식을 먹어야 하니 더 빨리 잊어야 했어요. "내 친구를 왜 죽였나?" 하고 따져 묻지도 않았죠. 그때의 기억이 강렬하게 남아 있어요. 다른 존재를 먹기 위해서 죽이는 것을 목격한 첫 경험이었죠.

여섯 살이던 그때 그런 광경을 목격하면서 그렇게까지 무서워하고 그 동물 친구를 불쌍해하고, 뭔가 이상하다고 느낀 건 내가 그렇게 무감하지 않았다는 걸 뜻해요. 그래도 나는 가족들과 함께 그 고기를 먹었죠. 만일 먹지 않겠다고 고집부렸다면 어땠을까요? 가족들에게 별의별 소리를 다 들었겠죠. 사람은 살기 위해 고기를 먹어야 하고, 어쩔 수 없다며 합리화하는 얘기도 빠지지 않았겠고요.

내가 그렇게 큰 충격을 받았는데도 마음속 깊이 누르고 흘려보낸 것은 '고기를 먹는 것은 자연스럽다'고 하는 환경에 노출되어서라고 생각해요. 우리 집 식탁엔 항상 고기가 올라왔고, 항상 고기를 먹는 환경이라서 가능했던 거죠. 무감하게 만드는 환경에 있었고, 무감해지도록 노력해야만 하는 강요가 있었기에 무감할 수 있었죠. 이런 심리는 성장한 후에도 마찬가지였어요. 나이가 들면서 더 무감해진 측면이 있죠. 뭔가 살아있는 생명체를 죽이는 소리를 들으면 여전히 마음이 불편하지만, 무감해지려고 노력하며 살아왔어요. 그래야 밥상 위에 올라온 고기를 먹을 수 있었으니까요. 대단한 분열이죠.

공감능력이 있고, 예민하게 느낄 줄 알던 어린 사람이 결국 어떻게 무감한 선택을 하게 되었을까요?

어린이에게는 세상의 룰이나, 환경에 의문을 가지거나 바꾸려 드는 것이 허락되지 않는 듯해요. 마치 건들면 안 되는 성역처럼. 당시에 나는 '내가 불쌍하게 여긴다고 해서 불쌍하다고 말하는 게 과연 무슨 의미가 있을까?' '우리 집 식탁엔 언제나 고기가 올라오고, 고기는 모두가 먹는 음식인데 불쌍하단 생각이 다 무슨 소용일까?' 하는 무력감, 절망감이 있었어요. 어린 나는 분리를 잘 해버린 거죠. 동물을 죽이는 장면을 보고 싶지 않은 영역과 그래도 고기를 먹어야 하는 당위의 영역 따위로요. 오랫동안 나는 사람이 고기를 먹는 건 선택 가능한 범주의 영역이라고 생각해 본 적이 없어요. 주변에서 그런 걸 배울 기회가 전무했죠. 채식하는 친구를 보기 전까지 상상조차 해보지 않았으니까요. 물론 아주 가끔 통돼지 바베큐처럼 통으로 된 고기를 보는 게 불편했지만, 식탁엔 항상 다양한 고기가 올라왔으니까요. 아예 생각을 멈추어야 했죠. 그게 편하니까요.

우리 집 식탁에는 선짓국, 개구리 뒷다리, 토끼고기, 꿩고기, 피순대 등 굉장히 토속적이고 원초적인 음식이 자주 올라왔어요. 개고기도요. 우리 옆에는 강아지 해피가 있고 장군이가 있었는데, 이모는 개고기를 사오곤 했죠. 뭔가 꺼림칙했는지 개고기를 육개장이라고 속이면서 먹기를 권하고 드시기는 했지만요. 그런 게 불편했지만, 입 밖으로 꺼내어 문제 삼을 생각 자체가 없었어요. 나에게는 그럴 능력, 힘이 없다고 치부해버렸죠. 그러니 마음에서 올라오는 괴로움을 누르는 수밖에요. 어릴 때부터 의심할 수 있다는 사실을, 의심하는 방법들을 가르쳐야 해요, 무엇에 관해서든. 동물원에 가서 우리가 배울 수 있는 게 없잖아요. '저런 동물이 있구나' 딱 그뿐이죠. 동물을 대하는 방식과 태도에 관해 바르게 배운 게 하나도 없어요. 이제와 생각해보니 내 중심으로 다른 동물들을 보고, 대상화하고. 책임에 관해 배운 적도 없죠. 그런 안 좋은 환경에 상당히 오랫동안 노출된 거예요. 대학에 들어간 후에 엄마랑 많이 싸웠어요. 남동생의 학습을 위해서라며 엄마가 이구아나를 키우기 시작해서 그 문제로 한참을 싸웠어요. 이구아나는 결국 집에서 죽었어요. 동물들을 인간 중심으로 보고 함부로 대하는 것에 치가 떨리더라고요.

육식 1차 중단기 동안 굉장한 문제의식을 느끼고, 분노를 폭발시키신 듯하네요. 그건 많은 새로운 정보를 접했기 때문일 테지요. 그런데 그 모든 것을 아는 상황에서 다시 고기를 먹는 생활로 돌아간 거군요.

네. 25년이나 고기를 먹고 살아온 주제에 육식을 중단하면서부터 마음속으로 고기를 먹는 사람들을 적대시했어요. 그러니 일상이 너무 피로해지고. 고기를 안 먹어야 하는 이유를 이해했지만, 먹을 수밖에 없는 현실이라고 언제부턴가 정당화했어요. 이렇게 생각했죠. '고기가 어떤 과정을 통해 생산되는지 알았으니 줄이기만 해보자. 내가 고기를 아예 먹지 않는다고 이 세상이 얼마나 변하겠는가. 줄여야 하는 이유를 분명하게 알았으니 노력만 해도 충분하다.' 찾아 먹지만 않으면 된다고, 동물이든 식물이든 필요만 만큼만 소비하면 된다는 마음이었어요. 그리고 나의 야만성이랄까, 그런 부분을 인정해야 한다고 생각했죠. 나는 완전채식을 할 만큼 고결한 사람이 아니라면서요. 기가 막힌 정당화죠. '과연 나는 고기를 먹을 수 없는 존재인가? 나는 고기를 먹어야만 하는 상황에서 동물을 죽일 수 없는 사람인가?'를 스스로 질문하면서 결국엔 '나의 야만성을 인정하고, 고기를 먹을 수도 있는 존재라는 사실을 부정하지 말자'고 결심하기에 이르렀어요. 그렇게 정당화하면서도 죄책감을 느꼈고요.

그런 상태에서 다시 고기를 먹은 거예요. 몰려오는 괴로움을 적당하게 마비시키는 능력이 생겼달까요. 세상은 달라지지 않을 거라는 무력감도 큰 이유였죠. '될 대로 돼라'는 심정이었어요. 점차 괴로움이나 무게감도 사라지더라고요. 고기를 먹는 일상에 다시 익숙해진 거죠.

정서적 충격이나 감흥을 유지하기 위해서 어떤 자극을 지속해서 만들거나 그런 자극 속에 있는 게 중요하겠어요.
네. 자발적인 요소도 중요하지만 이 길을 계속 가려면 주변의 환경이 참 중요해요. 당사자 문제가 아니기에 더 그런 것 같고요. 누군가에게 정보를 조금 더 풍성하게 받고, 그런 정보를 가지고 함께 생각과 경험을 나눌 사람들이 있었다면 비육식을 중단하지 않았을 거예요. 노력하는 과정을 공유하고, 그 자체의 의미를 잊지 않도록 하는 환경, 과정이 지속되었다면 쉽게 절망감을 느끼면서 무력해지지 않았겠죠. 그래서 그런 환경을 지속시키려는 노력이 굉장히 중요해요.

현재는 그런 환경이 마련된 거죠?

그럼요. 파트너와 함께 비육식을 하는 상황이니까요. 내가 유연해진 것도 있어요. 비육식 시도를 거듭하면서 유연해졌죠. 예전에는 '이것 아니면 저것뿐'이라는 식의 흑백논리로 접근했다면, 이제는 고기를 한 번 먹었다고 해서 망한 게 아니라 그 전체 과정에서 내가 하는 노력을 더 의미 있게 바라보게 되었어요. 이제는 과정을 중시해요. 앞으로 좋은 정보도 더 많아지고, 찾을 수 있는 좋은 식재료도 점점 더 늘어났으면 좋겠어요. 채식식당도 더 많아지고요. 10년 전보다는 훨씬 좋아졌지만요. 이렇게 점점 더 좋아지리라 생각해요.

마지막 질문인데요, 동물에 대한 사람들의 두 가지 인식과 태도의 차이를 줄여나가기 위해서 어떤 노력, 장치가 필요할까요?

사람들이 같은 동물을 두고도 두 가지 생각을 하는 이유는 일단 당사자가 아니기 때문이겠죠. 아무리 내가 어떤 감흥을 받는다고 해도 결국은 남의 문제라는 거예요. 내가 소나 돼지는 아니잖아요. 그 소나 돼지가 내 새끼도 아니고, 내가 특별히 사랑하는 존재도 아니죠. 사람들에게는 공감능력이 있으니 생매장당하는 돼지를 보면서 불쌍하다고 생각하지만 쉽게 잊을 수 있는 능력도 있어요. 내 문제, 나와 가까운 문제가 아니라고 생각하니 가능하죠. 안 된 일이고 불쌍한 존재지만, 대상화하고 타자화하는 데 거침이 없어요. 물론 그런 장면을 보고나서 고기를 안 먹는 사람들도 있겠지만, 대부분의 사람들은 분리해서 생각해요.

호주 여행을 할 때, 양털 목장에서 재미있게 놀다가 그날 양으로 만든 스테이크를 먹었어요. 그 당시에는 아무 느낌이 없었어요. 동물들이 전시된 것에도 별 느낌을 받지 못했고요. 동물원도 그렇고 어릴 때부터 일상적으로 그런 모습을 봐 왔으니까요. 동물을 죽이는 것은 슬픈 일이지만 동시에 필연적인 일이라고 생각해온 거예요.

내가 며칠 전에 동생에게 메일을 하나 보냈거든요. 공장식 축산업 속 동물이 처한 심각한 현실, 동물실험의 불필요성, 소위 "애완동물"의 관리를 잘해야 하는 이유, 모피를 입지 말아야 하는 이유 등을 정리한 거였죠. 그 메일을 읽고 동생이 애완동물에 관한 생각을 참 많이 했대요. 동생은 집에서 거북이 등 동물을 키우거든요. 동생의 말 중에 기억에 남는 말이 있어요. 내가 동생에게 "고통을 가하면서 기른 존재를 먹는다는 것은 나에게도 고통을 남기는 일인 것 같아. 동물에게 가한 것은 결국 나에게도 돌아오는 거니까. 우리가 노력하는 건 다른 동물만을 위한 것이 아니라, 결국 우리를 위해서도 필요한 일이야"라고 썼어요. 그랬더니 동생이 "우리 애들 좋은 거 사 먹이려고 생협에서 방사 유정란을 사는데, 특별히 동물을 생각해서 그런 건 아니야. 그런데 별생각 없이 한 나의 소비 방향이 결국에는 그 동물에게도 좋은 일이었다는 새로운 깨달음을 얻었어"라고 말하는 거예요.

동물에게 좋은 것이 곧 내게도 좋은 것으로 돌아온다고 믿어요. 내게 좋은 선택이 동물에게 좋은 것으로 되돌아가기도 하고요. 나의 고통과 나 아닌 존재의 고통을 분리하지 않고 하나로 인식한다면, 동물의 고통이 동물에게만 머물지 않는다는 것을 이해할 수 있어요. 모든 존재는 서로에게 끊임없이 영향을 주고받는 관계를 맺잖아요. 어릴 때부터 우리는 민감하게 공감하는 능력을 키우는 게 아니라, 무감각해지도록 훈련받아왔어요. 나는 동물이 당하는 고통이 그 동물만의 고통으로 끝나지 않는다는 것을 느낄 능력이 인간에게 있다고 봐요. 그러한 우리의 숨은 능력을 발견하고, 발휘할 과정이 필요해요. 그래서 환경도, 교육도 중요하죠. 그런 능력을 찾아내고 활용하는 내용을 교육 과정에 적극적으로 포함시켜야 합니다.

얼마 전에 학생들이 학교에서 직접 돼지를 기르는 내용의 방송을 봤어요. 직접 기른 돼지를 도축했을 때, 여전히 돼지고기를 먹는 아이들이 반, 그 후로 안 먹는 아이들이 반으로 나뉘었어요. 그게 대안은 아니지만, 그런 시도가 이어지는 과정이 중요하죠. 그런 과정을 거치는 사람들이 많아지는 만큼 공감능력을 실현하는 사람들도 늘어날 테니까요. 고통에 묻혀 무기력함만 남는 게 아니라 다른 선택의 가능성을 알게 하는 과정이 정말 중요합니다. 시간이 흐르면 더 나아질 듯해요. 처음 채식할 때는 내가 외계인 같고, 다른 사람들에게 비육식을 한다고 말하기가 어려웠지만 지금은 많이 달라졌죠. 나는 이 모든 변화가 절망에서 시작한다고도 생각해요. 그래서 그 절망감을 부정적으로만 여길 것은 아니라고 보고요.

경험, 생각을 나눠주셔서 감사해요. 마지막으로 꼭 남기고 싶은 얘기가 있나요?

네. 이 말을 하고 싶어요. 나는 못 먹는 게 아니에요. 안 먹는 거예요.

B

아무 생각 없이
　계속 소비해온
습관이
문제

1981년생, 카메라기자, 천주교

육식기간이랄까요? 육식을 몇 년간 했어요?

내가 지금 서른두 살인데요, 32년 중에 30년 동안 육식을 했다
고 봐야겠죠. 그러니까 평생 고기를 잘 먹고 살아왔죠.

현재 채식을 하고 있죠?

엄격하게 말하자면 소, 돼지고기는 아예 안 먹고요, 닭고기는 아
직 먹어요. 달걀, 우유, 해산물도 먹고요.

**다른 인터뷰이에게도 공통으로 하는 질문인데요, 혹시
동물학대나 착취를 했던 적이 있나요?**

좁은 의미에서라면 동물을 학대한 적은 없어요. 동물을 때리거

나 발로 차거나 돌을 던지거나 굶기거나 한 적은 없거든요. 자신 있게 말할 수 있어요. 물론 집안에서 강아지를 오래 키웠으니 그런 게 넓은 의미에서 학대라면 학대한 적이 있고요. 그리고 착취는 해왔죠. 고기를 열심히 먹으며 살았으니까요. 나는 지금도 닭을 먹으면서 늘 생각해요. 이 닭이 어떤 환경에서 어떻게 길러져서 내게로 왔는지, 그 과정이 얼마나 힘들었을지. 마음이 편하지가 않은데도 먹기를 멈추지는 않죠. 그러니 착취를 해온 거죠.

동물학대와 착취를 어떻게 정의할 수 있을까요?

학대라고 하면 동물을 묶어두고 때리거나 밥도 안 주는 행위 등 신체적, 물리적 폭력이 먼저 떠오르네요. 대부분의 사람들이 행하는 먹는 행위, 동물로 만든 가방·옷을 구입하고 소비하는 행위 모두가 넓은 의미에서 착취에 해당한다고 생각해요. 나는 동물로 만든 제품을 구입하지 않으려고 최대한 노력하지만 완벽하게 해내지는 못하거든요. 결국 사람인 우리가 쓰려고 다른 존재들에게 "너의 것을 내놔!" 하는 거잖아요. 그 모든 행위가 착취죠.

채식을 하신 지 2년가량 된 것 같은데, 채식을 시작한 이유가 뭔가요?

동물을 좋아하는 편이지만 별생각 없이 살았는데 언제부턴가 동물들이 처한 현실에 관한 얘기들이 풍문으로 들려왔어요. 지

159

속적으로 듣다 보니까 서른 살 즈음엔 '내가 지금 좋아하면서 막 먹을 일이 아니구나'라고 생각하게 되더라고요. 그때 결국 진짜 끊어야겠다고 생각하고 시작했죠.

구포시장 스케치를 하고 나서 '개고기를 먹지 말아야겠다'가 아니라 '고기를 먹지 말아야겠다'고 생각했어요?

네, 원래 개고기는 못 먹어요. 안 먹죠. 거기서 본 건 개고기였지만, 생각이 곧장 다른 고기로 이어졌어요. 무조건 줄여보자는 생각만 들었어요. 처음부터 소나 돼지고기를 확 끊은 건 아니고, 먼저 '내가 찾아 먹지는 말자. 고깃집에 찾아가지 말자'는 마음을 내고 시도했죠.

개를 키웠다고 했잖아요? 오래 함께했어요?

한 마리는 6년 넘게 키웠고요, 다른 한 마리는 10년쯤 키웠어요. 죽어서 헤어진 건 아니에요. 강아지 크기가 큰 편이었는데, 아파트에서 민원이 자꾸 들어와서 엄마가 마당이 있는 집으로 보냈어요.

개들하고는 잘 지낸 편이었어요?

네.

강아지를 키운 경험이 동물에 대한 인식의 변화에도 영향을

미쳤을까요?

별로요.

앞서 마음이 편하지 않지만, 아직 닭을 먹고 있다고 했죠. 현재 상황에 관해 스스로 어떻게 평가하시나요?

큰 죄책감을 가진 채로 닭을 먹어요. 제가 닭고기를 정말 좋아하거든요. 달걀이나 우유도 엄청 좋아하고요. 그래서 끊기가 어려워요. 늘 먹지 않으려고 노력은 해요. 얼마 전에도 한동안 끊었는데, 어느 날 종일 치킨 생각만 나는 거예요, 하루 내내. 결국 학원도 빠지고 친구를 불러내서 치킨을 먹으러 갔어요. 먹고 싶던 치킨이 눈앞에 나타나니 미치겠더군요. 그런데 치킨을 먹으면서 앞에 앉은 친구에게 내가 계속 이렇게 말하는 거예요. "사실 닭의 상황이 제일 안 좋다. 그런데 내가 그걸 이렇게 먹고 앉았다." 유제품 역시 마찬가지예요. 유제품 끊기가 참 어려워요.

돼지, 소를 대하는 마음과 닭을 대하는 마음이 달라서일까요?

아니요. 다르지 않아요. 다만, 내 입장에서는 돼지고기와 소고기를 끊기가 닭고기를 끊기보다 더 쉬웠죠. 핑계지만, 회사에 다니면서 모든 고기를 완전히 끊기는 어려워요. 채식을 위해 노력하는 많은 사람들이 처한 상황이고(그래도 다들 노력하며 살겠지만요). 나는 돼지고기나 소고기가 아니어도 그 자리에서 먹을 것을 찾을 수 있거든요. 그런데 직장 동료들이 고기를 먹지 않는 나에게 굉장히 신경 써요. 가끔 미안한 생각도 들죠. 그래서 찾은 접점이 닭고기랄까요. 점심시간에 닭볶음탕 같은 음식을 자주 먹는데, "나는 이제 닭도 안 먹어요"라고 말하기가 힘든 현실적인 부분이 있더라고요.

정말 쉬운 일은 아닌 것 같아요.

나 자신에게 끊임없이 '이렇게 계속 먹어서는 안 되는 일이야'라고 말해요. 내가 좋아한다고 해서 남의 것을 빼앗는 행위를 당연시할 수는 없잖아요. 그래서 종국에 끊을 거예요. 내년의 목표는 일단 '닭고기 완전히 끊기' '우유 소비 줄이기'로 잡았어요. 예를 들어, 하루에 두 잔씩 마시던 우유를 하루 한 잔으로 줄이고, 그 상태로 6개월가량 지낸다는 식으로 구체적인 계획을 세웠어요. 달걀은 평소 3일에 한 번쯤 먹더라고요. 달걀 역시 먹는 횟수를 체크하면서 줄이는 방향으로 가려고 해요. 내년 말쯤에는 완전히 끊기를 목표로요. 현재는 빵 문제에서 멈춘 상태죠. 마음속으로 '그럼, 빵은?'이라고 질문하는 순간 생각이 딱 멈추더라고요. 이건 또 하나의 숙제인 셈이죠.

소고기와 돼지고기 끊기부터 닭고기, 우유 줄이기·끊기 등으로 확장하면서 '뭘 이렇게까지 해야 할까?' 하는 생각은 안 들어요?

직장 동료나 지인들 눈에 내가 소고기와 돼지고기를 안 먹는 게 꿩장히 큰 문제로 보이는 모양이에요. 이렇게 물어요. "그럼 닭도 안 먹냐?"고요. 그럼 나는 "닭은 아직 먹고 있어요. 우유도 아직 마시고요." 이렇게 부사를 붙여가면서 대답해요. 그러면 사람들이 말하죠. "그게 무슨 채식이야?" 그때마다 생각해요. '그래. 이게 무슨 채식이야?'라고요. 내가 하는 것이 완전 채식은 아니죠. 사람들은 그냥 별생각 없이 던지는 말인데, 이 문제에서 스스로 죄책감을 가진 상태여서인지 꿩장히 신경이 쓰여요. 그냥 '너희처럼 다 먹는 것보다 이게 낫지.' 하고 넘어갈 수도 있는데, 아직 그러질 못해요. 내 죄책감이 더 커서 그런가 봐요. 그래도 이런 죄책감은 필요하고 유지해야 한다고 봐요.

그런 느낌, 생각을 유지하기 위해 노력하는 게 있나요?
이전에는 거의 읽은 적 없는 동물 관련한 책들을 찾아 읽어요. 그러면 마음이 조금 더 단단해져서 괴롭지만 찾아 읽는 편이에요. 작은 활동이라도 하고 싶은데, 직장 문제 등 현실적인 제약 때문에 아직은 혼자 해결할 수 있는 범위 안에서 방법을 찾아 그런 느낌이나 생각을 유지하기 위해 노력하고 있죠.

혹시 바다동물에 관해서도 생각해 본 적 있나요?
제일 와 닿는 것은 생선이에요. 생선에는 눈이 있잖아요. 조개, 멍게 이런 것들은 엄청 좋아해요. 나는 정말이지 가리는 게 없는 사람인 거예요. 그런데 생선은 끊을 마음을 먹은 적도 있고, 이른

163

시일 안에 실제로 끊을 수도 있다고 생각해요.

돼지, 소, 닭과 생선을 동급으로 보는 건가요?
네. 내 인식으로는 그래요.

우리가 죄책감을 느끼는 상태에서도 당장 끊지 못하고 계속 먹을 수 있는 힘이랄까, 그런 힘은 어디에서 나오는 걸까요? 부조화 상태라고도 할 수 있을 텐데요, 이 부조화는 어떻게 가능한 걸까요?
세 가지 정도가 떠오르는데요, 우선은 습관이 가장 문제예요. 아무 생각 없이 계속 소비해온 습관. 자연스럽게 몸에 밴 습관의 결과라고 봐요. 그리고 익숙해지고 좋아하게 된 그 맛을 포기하는 게 결코 쉬운 일은 아니에요. 마지막으로는 회식 등 조절하기 어려운 현실로 인한 어려움이 있고요.

돼지고기, 소고기를 끊은 시점을 전후로 동물에 대한 마음이 많이 달라진 거죠?
동물을 좋아하는 마음은 예나 지금이나 마찬가지예요. 다만 과거에는 동물에 대한 시혜적인 마음이 컸다면, 지금은 내가 착취한다는 인식을 분명하게 하고 있죠. 과거에는 예쁘고 귀여운 동물이 눈과 마음을 사로잡았지만, 현재는 동물이 예쁨과 귀여움으로 눈에 들어오는 게 아니에요. 사실 이제는 다른 동물과 내가 동급이라는 인식에 이르렀어요. 개도, 생쥐도 자기들끼리 공유하는 사회가 분명히 있을 테고, 모든 생명체가 하나하나 고유의 감각이나 감정을 지니고 있다고 생각해요. 강아지나 고양이에게만 마음이 머무는 게 아니라 생명이 있는 모든 동물에게 확대된 거죠.

이런 인식을 하지 않고, 별생각 없이 고기를 먹는 사람들은 어떤 태도로 동물들을 대하는 걸까요?

회사 동료 중에 소고기와 돼지고기는 먹으면서 개고기를 못 먹는 사람들이 있어요. 소, 돼지는 물론 개고기를 먹는 사람들도 있고요. 동료들이 내게 왜 소고기를 먹지 않느냐고 물어보면 그냥 "동물권이라는 걸 알게 된 후부터 안 먹기로 했어요"라고 답해요. 그럼 동료들은 "아, 그렇구나"라고 반응하죠. 그게 끝이에요. 내 선택의 이유를 말해도 그걸 굳이 자신의 문제로 가져가 생각하는 법이 없어요. 자신과는 무관한 문제로 보고 밀어버리는 듯해요. 사람이 아닌 동물을 두고 생명체라고 인식하면서 고민하는 사람들은 드물죠. 생명이라고 생각한다고 해도 인간이 그 동물을 쓰는 것은 당연하게 여기고요. 소고기, 돼지고기를 정말 좋아하고 잘 먹는 사람이 집에서 키우는 강아지를 정말 잘 챙기는 거요. 이런 불일치랄까, 분열도 어떤 계기를 통해 흔들어볼 수 있겠지요. 내가 그랬듯이. 뭔가 느끼고 깨달았다고 해도 그걸 곧장 실천으로 옮기는 게 쉽진 않지만요. 그래도 어떤 계기가 필요하죠.

어떤 계기가 필요할까요?

결국엔 교육의 문제가 아닐까 해요. 어릴 때부터 생각할 여지가 있어야 스스로 생각해보고 다른 선택을 할 수 있죠. 마흔이 넘도록 별생각 없이 고기 먹고 잘 살아온 사람들에게 갑자기 "야, 생각 좀 해봐"라고 한들 그게 되겠어요? 이제라도 뭔가를 느끼고 깨달은 사람들이 주위 사람들에게 알리는 일도 중요하지만, 근본적으로는 교육의 문제라고 생각해요. 유치원부터 모든 교육 과정에서 이런 문제를 배우고, 생각할 기회를 제공해주어야죠. 고민이라도 하는 문제여야 해요. 아예 하나의 과목으로 편성하는 게 가장 좋은 방법이겠지만요.

그리고 온 천지가 고기집이잖아요. 대단하죠. 이런 엄청난 현실에서는 우선적으로 사육 시스템부터 제대로 하도록 규제가 필요하겠지요. 예컨대 친환경적이고 동물복지적인 환경을 조성하도록 만드는 거죠. 장기적으로 교육 시스템과 함께 굴러가야 변할 수 있을 거예요. 고기를 먹는 많은 친구들 가운데 방목해서 키우는 고기, 달걀, 유제품을 선택해서 소비하려고 노력하는 친구들이 있어요. 그 자체만으로도 참 고무적인 일이잖아요. 그런 시스템을 만드는 일이 우선적으로 필요하죠. "당장 처먹지 마"라고 한다고 될 게 아니잖아요. 가능하지도 않고요. 할 수 있는 것부터 하나씩 해나가는 게 중요해요.

C

육식 중단은
  선택사항인데,
육식은
선택사항이 아니었죠

1977년생, 심리상담가, 종교없음

육식기간이 얼마나 된 거죠?

내 평생에서 7개월을 뺀 시간 전부요. 그나마 7개월 동안 먹지
않은 건 고기뿐이고요. 달걀, 우유는 다 먹었죠.

**채식은 언제 시도한 거예요? 지금은 다시 고기를 먹고
있나요?**

네, 지금은 고기를 먹어요. 2011년에 7개월 정도 고기를 끊었
어요. MBC에서 방영한 다큐멘터리 '고기 랩소디'를 보고 충격
을 받아서 고기를 끊도록 노력해야겠다고 생각했죠. 워낙 고기
를 좋아하는 편도 아니고 반드시 먹어야 한다는 마음도 없어서
어렵지 않게 시작했죠. 그러나 직장 옮기면서 다시 먹게 되었죠.

채식을 시도할 때 다니던 직장은 큰 문제가 없는 환경이었는데, 새로 옮긴 직장에서는 고기를 안 먹기가 힘들었어요. 같이 일하는 동료가 네 명인데, 밖에서 점심을 바로 해결할 수 없는 환경이라서, 항상 외부에서 함께 주문해서 먹었거든요. 그런 상황에서 "나 고기 안 먹어요"라고 말하기가 어렵더라고요. 왠지 나를 "튀는 사람, 모 난 사람, 가까이하기 어려운 사람"으로 볼까 봐. 그만큼 나 자신이 확고하지 않은 상태였어요. 이전 직장은 인권운동가가 많은 공간이어서 별 눈치 보지 않고 고기를 먹지 않는다고 말할 수 있었거든요. 새로운 직장으로 옮긴 후에 그 영상을 다시 볼도 수 있었지만, 저는 일부러 그러지 않았어요. 환경이 달라지고, 피하고 안 보니 문제의식이나 감정이 희미해졌고, 육식을 중단하는 데 감수해야 하는 어려운 부분도 있으니 쉽게 봐 버렸어요.

'고기 랩소디'와 같은 영상을 처음 접한 건가요?

살면서 소, 닭 등 동물을 싣고 지나가는 차를 보거나 영화나 드라마에서 도축장으로 끌려가는 동물이 나오는 장면을 본 적도 있지만, 걔네가 어떤 환경에서 사육되고 도축되는지 알게 된 건 그 영상을 통해서였죠.

'고기 랩소디'를 본 직후 마음은 어땠어요?

너무 괴로웠어요. 끔찍했고요. 내가 인간이라는 데 회의가 들었어요. '인간처럼 이기적인 동물이 또 있을까?' 하고 생각했죠. 방송을 본 직후에는 '뭐라도 좋으니 내가 할 수 있는 일을 해보자'는 마음이 들었어요. 그런데 시간이 흐르면서 이런 생각이 들더라고요. '내가 고기를 끊는 게 어떤 소용이 있을까?' '나 한 명의 이런 노력이 어떤 소용이 있을까?'

현재는 다시 고기를 먹고 있다고 했잖아요? 그런데 혹시 고기 소비를 끊거나 줄이기 위해 노력한 시기 전후로 달라진 것이 있나요?
다시 고기를 먹고 있지만, 달라진 것은 있어요. 다른 사람들과 식당에 가서 내가 메뉴를 선택할 상황이면 고기를 주문하지 않아요.

소비가 줄었어요?
네, 줄었죠. 전에는 스트레스 받으면 고기가 먹고 싶었는데, 지금은 그렇지 않아요.

무엇이 고기를 끊게 했고, 또 무엇이 다시 먹게 했을까요?
망각이요. 채식을 유지하려면 공장식 축산업에 관한 기사, 그림, 영상 등을 지속적으로 봐야 한다고 생각하는데, 보는 것 자체가 너무 고통스러워서 볼 엄두가 안 나더라고요. 다시 육식을 시작한 이유로 직장 환경을 들었지만, 스스로 '이거 핑계 아니야? 감

169

수할 수도 있잖아? 그래야 하는 거 아니야? 대체 왜 그렇게 쉽게 포기해버린 거야?'라는 의문이 생기더라고요. 포기해버린 그 과정을 돌아보게 되었죠. 결론은 이랬어요. '그래 귀찮았던 거지. 그 동물들이 겪은, 겪고 있는 그 고통을 벌써 잊어버린 거지. 나는 그 동물이 아니니까. 당사자가 아니니까 그렇게 쉽게 잊었고 쉽게 놔버릴 수 있었지'라고요.

그러다가 어떤 불편감을 가진 채로 사는 문제에 관해 생각이 확장되었어요. 예컨대 한진 중공업 투쟁 당시에 내가 할 수 있는 일이라고는 지지방문과 후원금 내는 게 전부였죠. 그때도 회의적인 생각이 들었거든요. '이런 지지방문이, 후원이 결국 무슨 도움이 될까? 이런 구조 안에서 뭘 바꿀 수 있을까?' 고기를 끊었을 당시와 비슷한 마음이었어요. '육식주의라는 거대한 구조가 있고, 그 안의 내가 고기를 먹지 않는 것이 어떤 영향을 행사할 수 있을까?' 그러다 이런 결론에 이르렀죠. '이런 구조를 만든 놈들은 따로 있는데, 왜 내가 죄책감과 괴로움에 시달려야 하나? 하지만 그 구조를 내가 지탱하고 있으니 그 책임에서 자유로울 수 없다. 죄책감과 괴로움을 느끼며 사는 게 당연하다.' 괴롭기 때문에 더욱 적극적으로 피하게 되면 정말 그냥 그렇게 되어버리지 않을까 하는 두려움이 있는 거예요.

나에겐 여전히 다시 시작할 수 있다는 희망이 있어요. 이 인터뷰 제안도 그렇고, 이런 생각을 굳건히 실천하는 친구들이 주변에 있다는 사실이 희망을 품게 해요.

우리는 왜 그렇게 오랫동안 육식을 할 수 있었던 걸까요?

육식을 중단하는 것은 선택사항이지만, 육식 자체는 선택사항이 아니었죠. 주어지는 대로 먹어온 거예요. 입이, 혀가 그렇게 익숙해져버린 거죠. 길든 거예요.

왜들 그렇게 고기 음식을 만들어 제공할까요?

그러게요. 요즈음엔 의사들이 방송에 나와서 육식의 문제점을 지적하는 일이 종종 있지만, 자라면서 "고기가 몸에 해롭다"는 말을 들어 본 적이 없어요. 고기는 자주 먹을 수 없는 음식, 자주 먹으면 좋은 음식, 귀한 음식이라는 인식이 강했죠.

채식에는 특별한 계기가 있었는데, 육식에는 특별한 계기가 없었던 거네요.

생각해보니 그러네요.

비육식이 하나의 선택일 수 있고, 다른 시도가 가능함을 아는 데 필요한 자극에는 어떤 게 있을까요?

일단은 먹지 않아도 괜찮다는 사실을 배울 기회가 필요하죠. 솔직히 전 세계인이 모두 고기를 안 먹게 되는 일은 상상하기 힘들어요. 다만 사육 환경을 개선하거나 대량생산 체제에 구조적인 변화가 생겼으면 좋겠어요. 채식에 대한 접근성을 높이는 일도 중요하죠. 채식에 대한 거부감도 참 크잖아요. 채식을 너무 무겁지 않게 받아들이는 환경을 만들어야 할 것 같아요. 거부감을 줄이는 거죠.

앞으로 채식에 다시 도전해볼 계획인가요?
그와 관련해서 당장 구체적인 계획은 없어요.

부담을 느끼나요? 어떤 자극이 필요하면 제가 하루에 한 번씩 공장식 축산업 관련한 동영상을 보내드릴까요?
아니요. 부담스러워요. 나는 아직 편하게 살고 싶은 마음과 그래도 다르게 살아야 하지 않겠나 하는 마음 사이에서 갈등하는 상태예요. 끊임없이 충돌하고 있죠. 다른 사람들과의 관계 문제도 쉽지 않고요. 이건 내가 마음을 먹어야 하는 문제에요. '고기 랩소디'를 보고 충격받은 후 그냥 단순하게 시작했잖아요? 고심해서 큰 결단을 내린 게 아니었어요. 너무 쉽게 생각했죠. 그러니 채식을 하다가도 다른 이유로 망설이고, 주변 사람들에게 욕먹기 싫으니까 쉽게 포기해버렸죠. 앞으로 다시 채식을 한다면, 문제를 더 알아보고 장시간 고민한 후에 시작해야 할 것 같아요.

인터뷰를 시작할 때 물었어야 했는데, 인터뷰 말미에 질문하네요. 그간 살면서 동물학대나 착취를 한 경험이 있나요?
그 질문을 받으니 이런 장면이 떠오르네요. 중학교 때, 집에서 키우는 강아지를 높은 창틀에 올려놓곤 했어요. 개가 벌벌 떨면 내려주었죠. 미워하는 마음에 그랬거든요. 그 개는 내가 그러면 당할 수밖에 없는 약자잖아요. 괴롭힘이었죠. 그 일이 마음에 남아 있어요. 그리고 벌레를 너무 무서워해서 죽이기도 많이 죽였거든요. 주변에 보면 벌레를 죽이지 않고 놔주는 사람들도 있는데, 나는 직접 죽이든 남이 죽이게 하든 어떻게든 처리했어요. 사실 해를 주는 건 그 벌레가 아니라 나인 경우가 대부분인데도, 늘 그런 방식이었죠. 언젠가 나도 이 문제를 다른 방식으로 해결하는 사람이 되었으면 좋겠어요.

D

비긴인 상태가
　여전히
내게는
가장 좋아요

1973년생, 학생/가수, 종교없음

육식을 했던 기간은 어느 정도인가요?

태어나면서부터라고 생각하면 30년쯤이죠.

현재 채식 수준은요?

해산물은 먹어요. 유제품은 잘 안 먹고 치즈는 먹어요.

채식기간은 얼마인가요?

10년가량 되었어요. 그중 2007년부터 2010년까지는 완전채식
을 했고요.

개인적으로 궁금해서 하는 질문인데요, 동물학대나 착취

경험이 있나요?

동물을 방치한 적이 있어요. 1990년대 초반, 대학생 때 시장에서 고양이 두 마리를 사왔어요. 그때는 고양이 키우는 문화가 없었죠. 중성화 수술도 시키고, 모래도 사줘야 하는데 아무것도 모르고 키웠어요. 그러다가 자취를 하게 되었는데, 고양이를 데려갈 수 없어서 할머니 댁으로 보냈어요. 할머니 댁에서 수컷은 사라졌고, 암컷은 새끼를 많이 낳아 동네 사람들이 할머니에게 항의를 많이 했죠. 스트레스에 시달리던 할머니가 급기야 고양이들에게 밥을 안 주시고, 그 아이들은 길고양이가 되었어요. 내가 그렇게 만든 거예요.

채식은 어떤 계기를 통해 시작했나요?

22살에 독일에서 지내며 독일인 남자친구를 사귀었는데 채식하는 사람이었어요. 그를 통해 채식하는 사람들이 있다는 사실도 알았고, 자연스럽게 나도 고기를 안 먹게 되었죠. 그 남자친구랑 헤어지면서 고기를 다시 먹기 시작했죠.

귀국 후에 다시 채식을 시작하신 거죠?

네. 고기를 다시 먹게 되었지만, 생각은 계속 했어요. 페미니스트이자 레즈비언으로 살면서 채식하는 사람들을 많이 만났으니까요. 그런 사람들이 주위에 있는 게 큰 자극이 되었죠. 계속 그런 자극에 노출되다가, 지금 애인이랑 우연히 TV에서 "잘 먹고 잘 사는 법"이라는 프로그램을 보고 충격을 받았어요. 공장식 축산업을 다룬 프로그램이었거든요. 우리는 그 즉시 채식을 시작했어요. 만약 애인은 계속 육식을 하는 상황에서 나만 채식을 했다면 이마 얼마간 혼사 하다가 그만 두었을 거예요. 함께 살면서 같이 밥을 먹는 사이인데, 두 사람이 다른 선택을 하면 아무래도 유지하기 어렵지 않겠어요? 애인이 육식을 포기하지 않은 상태인데 내가 과연 채식을 유지할 수 있었을지 헤아려 보면 아무래도 어렵지 않았을까 싶어요. 그렇게 채식을 포기하고 어떤 이유로든 합리화하면서 그럭저럭 살았을 듯해요.

채식 이후에 비인간동물을 이용해 만든 물건을 안 쓰려는 노력도 함께 했나요?

그건 채식과 무관하게 고등학교 다닐 때부터 관심을 두던 부분이에요. 가죽제품이나 밍크 사용에 관한 문제의식이 있었죠. 앞에서 말씀드린 것처럼 엄마가 구독하는 〈여성신문〉에 환경 섹션이 따로 있어서, 나도 늘 관심을 가지고 읽었어요. 주변에 관련 정보가 제법 있었죠. 그러다보니 중학교 때는 우유팩을 재활용해야 한다는 생각으로 누가 시키지도 않았는데 교실에 상자를 만들어 놓고는 우유팩을 모아서 그걸 교무실에 들고 갔어요. 그런데 선생님이 어찌할 수 있는 게 아니라며 그냥 버리라고 하셨던 기억이 나네요.

혹시 어머니도 채식을 하시나요?

엄마는 채식을 하진 않으시지만, 생태 문제에는 관심이 많으시죠.

〈여성신문〉도 그렇고, 아무래도 어머니로부터 많은 영향을 받았다고 볼 수 있겠네요?

나는 그걸 "엄마의 책꽂이 영향"이라고 표현해요. 엄마는 독일에서 공부했어요. 독일은 분리수거, 자원재활용 문제에 철저한 나라거든요. 아마도 독일에서 많이 배우신 게 아닌가 싶어요. 그런 생활습관을 나도 자연스럽게 배웠고요.

D님은 지금 채식은 물론 육식에 대해서도 매우 유연한 태도를 지니신 듯해요. 자신의 태도에 어떤 변화가 있었나요? 아님 처음부터 이런 유연한 태도였나요?

처음에는 비건이어서 강경한 편이었어요. 고기가 내 몸에 안 맞아서 안 먹었던 게 아니라 내 신념 때문에 안 먹은 거잖아요. 채식을 내가 반드시 지켜야 하는 것, 절대 훼손되어서는 안 되는 중요한 신념으로 생각한 시기였죠. 그래서 다른 사람들에게 채식의 정당성을 설명하며 설득하려고 들었어요. 그러다가 문화연구자로서 연구를 위해 필리핀에 세 달간 머물렀는데, 내 신념을 고수하는 상태로 남의 문화를 이해하는 데 한계가 있더라고요. 내 신념, 내 문화를 중심으로 타인을 대하고, 내 신념, 태도에 타인이 주목하게 만드는 거예요. 어느 순간 갑자기 '어, 이게 뭐지?' 하고 문화연구자로서 적절하지 않은 태도였단 생각이 드는 거예요. 유연하지 않으면 다른 사람들의 문화를 볼 수가 없죠. 이런 경직된 상태로는 다른 사람들의 삶에 깊이 들어가고, 살피고, 말을 걸고, 듣는 게 불가능하다는 걸 깨달았어요.

이런 문제도 있었어요. 내가 비건이니까 주변 사람들이 모두 내게 맞추어야 하는 거예요. 나도 그런 걸 당연하게 생각했고요. 어느 순간부터 내가 가장 배려받아야 하는 사람이 된 거죠. 내 필요에 따라 인터뷰이를 만나도 인터뷰이에게 포커스를 맞추는 게 아니라 내가 뭘 먹을 수 있는지, 먹으면 안 되는지를 더 먼저 생각하고 챙기는 거예요. 그래서 고민하다가 이렇게 정리했어요. '비건을 유지하되 완벽하게 지켜내려고는 하지 말자. 비건을 고수할 수 없는 순간이 와도 그걸 심각한 훼손으로 생각하지 말자'라고요. 비건인 상태가 여전히 내게는 가장 좋아요. 내 몸이 제일 편안해진달까요? 물론 마음도요.

다른 사람들에게 D님 자신을 채식주의자라고 표현해 알리는 편인가요?

사람들이 "채식하세요?"라고 물으면 "그냥 고기를 안 먹어요"라고 대답해요. 다른 사람들에게 내 신념이고 철학이라고 강경하게 드러내지 않기 위해서 "고기를 먹지 않아요"라고만 답하죠. 내가 "나는 채식주의자다"라고 하면 그 말을 듣는 누군가는 어떤 틀을 가지고 나를 바라보더라고요. 그 말 자체를 자신을 비난한다고 받아들이는 경우도 많았죠. 그런 부분을 피하고 싶더라고요. 채식에 관심이 있는 사람이 나한테 호의를 가지고 물으면 그 주제로 이야기할 수 있지만, 그렇지 않다면 불필요한 긴장감을 유발하고 싶지 않아요. 상대방이 비난받는 느낌을 갖게 하고 싶지도 않고요.

이제 마지막 질문을 드릴 시간이네요. 육식을 줄여나가기 위해 어떤 자극, 과정이 필요하다고 보세요?

큰 그림의 위기를 이야기하는 것도 방법이죠. 지구온난화, 식량 위기 문제가 육식과 밀접한 관계가 있잖아요. 실제로 육식의 해로운 점과 같은 바른 정보를 널리 알리는 활동도 중요할 테고요. 미국에서는 건강이나 의료에 관한 연구 논문, 교과서 시장에 축산업자들이 막대한 자금을 투입했어요. 지금도 그렇고요. 우유나 달걀을 완전식품이라고 명명해 퍼뜨리는 작업과 마찬가지로요. 우유와 달걀이 완전식품이 된 것은 축산업자들의 로비에 따른 결과거든요. 공장식 축산업 문제, 우유의 유해성 등을 알리는 다큐멘터리를 만들거나, 관련 서적도 많이 출간해서 더 많은 사람들에게 알리는 일 등이 필요해요. 무엇보다 이런 정보를 어린 시절부터 접하게 하는 게 굉장히 중요하죠. 우리는 우리의 뇌를 세척할 필요가 있어요.

D님처럼 육식 소비를 줄이려는 사람들도 수많은 유혹에 시달리잖아요? 결심한 비육식·채식 모드를 유지하기 위한 방법에는 어떤 것이 있을까요?

다른 분들에게서 다양한 의견이 나올 테니 간단하게 '맛'에 관해 서만 얘기할게요. 나는 채식이 맛있어야 한다고 생각해요. 〈한살림〉에서 유기농으로 재배한 채소들을 사 먹으면서 처음으로 채소가 맛있다는 사실을 알았어요. 농약 안 치고 키운 채소들은 맛도 있고 소화도 잘돼요. 채식의 기본은 요리거든요. 육식이 올바른지에 대한 규정이나 신념만으로 채식을 유지하기는 꽤 힘들죠. 고기를 먹고 싶다는 생각이 더는 들지 않도록 좋은 재료로 만든 맛있는 채식 요리를 연구하고, 그런 음식을 섭취해야 해요. 그래서 우리는 요리를 할 줄 알아야 해요. 요리하기를 감수해야 하고, 즐겨야 해요.

E

직접
기른 동물이라면
더 못 먹을
듯해요

1977년생, 여성단체 활동가, 종교없음

육식기간이 얼마인가요?

34년이죠.

현재 채식하고 있나요?

소고기, 돼지고기, 닭고기는 안 먹고요, 치즈와 빵은 먹어요. 우유 자체를 마시지는 않고요. 생선도 먹어요.

이전에 동물학대나 착취의 경험이 있었나요?

아니요. 내가 동물과 친밀하게 지낸 적이 없거든요. 초등학교 앞에 병아리나 토끼를 팔았지만 한 번도 사 본 적이 없어요. 나에게 동물은 만지기 두려운 대상이었어요. 지금도 고양이나 개를 만지기를 좀 두려워해요.

동물학대와 착취를 어떻게 정의하고 있나요?

잘 모르겠어요. 이런 생각 자체를 해 본 적이 없네요.

**육식을 거의 중단했다고 들었는데요, 어떤 이유로 고기
먹기를 중단했나요?**

나는 워낙 분노가 많은 사람이에요. 분노는 제 삶의 주요한 이슈
죠. 2009년에 채식을 주장하는 어떤 책을 읽었는데 거기에 이
런 내용이 나왔어요. "동물들이 대량 사육되면서 끔찍한 환경에
서 살아가고, 끔찍하게 도살당한다. 그들의 분노는 고기를 먹는
사람들에게 전이된다." 고기를 먹지 않는 것이 분노 조절에 도움
될까 싶어서 안 먹으려고 노력했죠. 쉽지는 않았어요. 노동운동
을 하는 시기였는데, 노동운동 단체 활동가들 사이에서 삼겹살
구워 먹는 게 다반사라서. 소위 "몸보신" 하면 고기를 먹어야 한
다고 생각하잖아요. 자주 먹었죠. 좋은 날이면 좋은 날이라서, 나
쁜 날이면 나쁜 날이라서 삼겹살에 소주 한 잔 먹으러 갔죠. 그
런 분위기에서 고기를 끊기가 쉽지 않더라고요. 여성운동 단체
로 옮기고 보니 무턱대고 고기를 구워먹는 분위기는 아니었지
만 안 먹는 분위기도 아니었죠. 그래서 엄두를 내기 어려웠어요.
그러다가 일을 그만두면서 무려 넉 달 가까이 집에서 하루 세 끼
를 먹었습니다. 생선은 귀찮아서 안 구워먹게 되고, 자연스럽게

채소 위주로 반찬을 만들어 먹게 되더라고요. 고기를 멀리하다 보니까 내 몸이 조금씩 좋아지는 걸 느꼈어요. 어느 날엔가 짜장면을 맛있게 먹었는데 내 몸이 한없이 가라앉으면서 굉장히 탁해지고 무거워지는 느낌이 드는 거예요. 그때, '아, 이게 고기의 느낌인가보다' 하고 다시는 먹지 말아야겠다고 결심했어요.

그 후에 모든 육식을 중단한 건가요?

아니요. 치킨을 끊는 데까지는 한참 걸렸어요. 치킨 냄새는 정말이지 참기 너무 어려웠어요. 치킨을 제외한 다른 고기는 안 먹다 보니 고기 굽는 냄새만 맡아도 역했죠. 그런데 치킨은 냄새가 너무 좋아서 닭 비린내라든지 고기 비린내라든지 역한 냄새를 못 맡으니 끊을 수 없더라고요. 올해 들어서야 끊었네요. 트위터에 이런 게 올라왔거든요. 하나는 "화장실보다 닭이 더 더럽다"는 내용, 다른 하나는 통통하게 만들려고 주사를 맞힌 닭의 모습이 담긴 사진. 그걸 보고는 애인하고 같이 "먹지 말자"고 결심했어요. 트위터에서 본 그 글과 사진이 강렬하게 새겨진 모양이에요. 그 후부터는 치킨을 보면 자연스럽게 그 트윗 내용과 사진부터 떠올라서 먹고 싶지 않더라고요.

바다동물까지는 안 간 거죠?

시작은 내 분노 조절을 위한 것이었고, 고기를 멀리하다 보니 시간이 갈수록 '그럼 생선은 다를 게 뭐지?'라는 생각이 드는 거예요. 차라리 참치캔은 날것 느낌이 덜 드니까 먹겠는데, 회는 날것 느낌이 너무 강해서 못 먹겠더라고요. 수족관에 있는 살아있는 애들을 바로 잡아서 죽여 먹는다는 게 마음에 좀 걸리더라고요. 그래서 회는 거의 안 먹어요. 생선을 구워먹는 것도 줄여야 하는데 아직 부담스러워요. 고기를 안 먹으니 오징어나 새우라도 먹어야 하지 않을까 생각해서 그런가 봐요. 어렵습니다.

그렇게 육식을 줄이고 중단하면서 동물의 복지나 권리에 관해 더 생각하게 되었나요?
트위터 등에 올라오는 글이 있으면 관심을 가지고 읽지만, 관련 단체를 적극적으로 찾아보거나 하진 않고 있어요. 말하자면 나는 마음속으로 현대의 공장식 축산업과 대량 사육에 반대하면서 소비하지 않는 형태로 실천하는 수준이지요.

평소에 인간의 육식에 관해 어떻게 생각하세요?
가끔 방사해서 키운 동물이나 내가 직접 기른 동물을 먹는 것은 괜찮지 않겠냐는 얘기를 들어요. 내가 직접 기른 동물이라면 저는 더 못 먹을 듯해요. 그렇게 먹는 건 조금 더 낫다는 생각 역시 굉장히 인간중심적이라고 봐요. 건강하게 자란 동물이면 잡아먹어도 괜찮고 당연히 그래야 한다는 생각에 동의하기가 어려워요. 하지만 아직 그 부분에 관해 내 생각을 정리하지는 못했어요. 여전히 혼란스러운 부분이 많죠.

육식주의 이데올로기가 굉장히 견고하잖아요. 거기에 균열을 내기 위한 방법으로는 어떤 것이 있을까요?

동물들이 사육되는 현실을 더 많이 알려야겠지요. 여러 가지 방법으로 홍보 활동을 열심히 해야 하죠. 그런데 사람들이 그런 정보를 접해도 먹기는 먹더라고요. 내 동료들만 봐도 그렇고. 그게 참 어려운 문제인 것 같아요. 그럴수록 목소리를 더 높여야 한다고 봐요.

정보를 접한 사람들은 직접 눈으로 보지 않아도 알 수 있지 않을까요? 그런데도 연결을 안 시키는 특별한 이유가 있을까요?

연결 자체를 무력하게 만드는 힘이 작용한다고 봐요. 끊임없이 세뇌에 이용된 정보들이 이기는 거죠. 예컨대 "고기를 먹어야 힘이 난다"라거나 "고기 영양 섭취는 필수"라는 정보요. 맛있어 보이는 냄새, 질감과 맛을 포기하는 일이 쉽진 않죠. 나만 해도 그래요. 고기 특유의 씹는 맛이 있잖아요? 고기를 안 먹는데도 불구하고 버섯을 먹으면서도 "와, 질감 좋다. 이거 먹어 봐. 꼭 고기 같아!"라고 말하거든요. 애써 고기의 대용품을 찾으려고 한달까요. 고기는 이렇다거나 이래야 한다거나 고기가 필요하다 이런 생각에 여전히 갇혀있는 셈이죠.

바다동물에 관해서도 어떤 혼란을 겪고 있다고 했죠?

처음에는 바다동물을 육지동물의 대용품 정도로 여겼어요. 육지동물을 먹지 않는 대신에 바다동물을 먹어야겠다고 생각했죠. 그런데 어느 순간에 '안 먹겠다고 하는 그 고기와 바다에서 나는 이 고기가 다른 건 뭐지?'라고 질문하는 단계에 이르렀어요. 이제 서서히 바다에서 나는 것도 끊어야 하지 않을까 싶은데, 아직은 내 식탁 위에 생명으로 만든 동물 반찬이 올라오는 상황이죠. 그런 것까지 다 배제하면 뭔가를 먹어도 제대로 먹은 것 같지 않은 기분이 들어요. 회를 먹지는 않아도 오징어, 생선, 조개로 만든 반찬은 필요한 상황이에요. 하지만 기본적으로는 같은 거라고 봐요. 대량생산되는 방식도 같고, 환경오염 문제도 마찬가지로 있고요. 생명체를 대량으로 양식하는 문제에서는 똑같으니까요.

유제품은 드신다고 하셨죠?
다른 사람들도 마찬가지겠지만, 먹는 일은 참 중요한 문제죠. 유제품은 기분전환에 도움이 돼요. 가끔씩 아이스크림이나 베이글에 치즈를 발라 먹는데, 그 달콤함이 주는 기쁨을 떨쳐내지 못하고 있어요.

이런 혼란을 정리할 생각이 있나요?
해결하고는 싶은데 엄두를 못 내고 있어요. 완전 채식을 하려고 들면 먹을 게 없을 것 같고. 엄청난 정신력이 필요한 일인데 용기 내기가 어려워요. 대용품을 찾기도 너무 힘들고. 사회생활을 하는 입장에서 특히나 어려운 일이죠. 하지만 육지동물과 바다동물이 다르지 않다고 생각하면서도 계속 먹는 이 상황은 모순이 맞아요. 다행스럽게도 현재는 줄이는 단계에 이르렀어요. 당장은 모든 것을 끊을 수는 없지만 나아지겠죠. 내가 내 동료들을 분열적이라고 보는 것과 똑같은 상황이네요. 이런 젠장.

알고 있는 문제를 왜 실천하기가 이렇게 어려운 걸까요?

먹는 문제라서요. 완전채식을 한다면 제일 좋은 건 자신이 정성스럽게 어떤 과정을 거쳐서 재배하고 직접 만들어 먹는 경우인 것 같아요. 하지만 현실은 가공된 것을 사다가 최소한의 요리만 해먹을 수 있다 보니 아무래도 엄두를 내기 어렵겠죠.

주변에 채식을 하는 친구나 지인은 많은 편인가요?

애인은 하고 있고, 회사에는 한 명 있어요. 여성주의자들도 그렇더라고요. 채식하는 사람이 별로 없어요.

이제 마지막 질문이에요. 육식을 줄이거나 중단하기 위해서 개인의 노력 외에 사회적 혹은 정치적 차원에서 필요한 것은 무엇일까요?

육고기를 재료로 하는 가게가 몇 미터 내에 몇 개 이상 들어서면 안 된다거나 하는 조치가 있으면 좋겠어요. 정말이지 갈 데가 없어요. 여기를 봐도 닭집, 저기를 봐도 닭집, 고깃집. 동네에서 밥 한 번 사 먹기 너무 어려워요. 생선을 먹는데도 백반집 하나 찾기가 어렵죠. 김밥천국에나 가야 해요. 그리고 〈한국여성민우회〉에서 만들어 배포한 평등한 회식문화 만들기를 위한 지침과 같은 것들이 필요하다고 생각해요. 채식을 하는 사람들과 더불어 살아가기 위한 문화를 만드는 다양한 지침과 홍보가 필요하죠. 관련 단체는 물론 정부기관에서 나서서 적극적으로 홍보하고 그런 내용을 담은 책자를 배포했으면 좋겠어요. 동물을 위한 것이기도 하지만 채식을 하는 사람을 위한 것이기도 하잖아요. 애인이 채식을 하지만 회사에서 전혀 배려를 받지 못하거든요. 알 만한 사람들이 모인 단체인데도, 비건이던 어떤 활동가가 그만둔 걸 놓고 그렇게 욕하더래요. 회식은 무조건 고깃집으로 간다고 하고요. 제가 일하는 조직에는 채식인이 두 명이라서 그나마 나은 환경이에요.

F

왜 12년 동안
　강아지에게
같은 음식만
먹였을까

1982년생, 취업준비 중, 불교

육식을 한 기간이 얼마나 되는 거죠?

원래 유제품이나 고기를 잘 안 먹는 편이었어요. 의식해서는 아니었고 또 육식도 하긴 했으니까 육식을 한 기간은 전 생애라고 할 수 있겠네요. 몇 년 전에 육식을 의도적으로 중단한 기간이 있어요. 2년 정도.

동물학대나 착취 경험이 있나요?

집에서 동물들을 키웠는데, 내 마음에 안 들거나 길들인다면서 종종 때린 적이 있어요. 화나는 일이 생기고, 바로 잡아야겠다고 생각하면 바로 매를 들곤 했죠. 그때는 당연한 줄 알았어요. 동물이니까, 이렇게 해야 말을 듣겠다 싶었죠. 이런 일이 있었어요.

전에 키우던 개가 집에서는 소변을 보지 않고 밖에 데리고 나가야 소변을 봤는데, 어느 날 내가 친구랑 노느라 3일이나 집을 비운 거예요. 집에서 소변을 볼 수 없으니까 참았나 봐요, 3일 동안. 집에 돌아와 보니 현관에 용변을 봤더라고요. 그때 정말 미안했어요. 동물학대라고 하니까 그때가 떠오르네요.

동물학대나 착취를 어떻게 정의할 수 있을까요?
참 어려운 질문이네요. 사람이라면 인권을 박탈당한 느낌이 학대겠지요.

사람들은 참 동물의 생명이나 처우에 대해 무감한 것 같아요. 왜 그럴까요?
내 경우엔 한 번도 동물의 입장에서 생각해 본 적이 없어서 그런 게 아닐까요? 문제의식 자체가 없는 상태죠. 동물은 그냥 '먹는 음식' '맛있는 음식'인 거예요. 가끔 이상한 기분이 들 때는 있었어요. '개고기는 반대하면서 왜 돼지고기나 소고기는 반대하지 않지?' 동물을 위한다는 사람들도 대개 식용동물과 반려동물을 나누어 생각하고, 다르게 정의한다는 느낌이 들어요. 많이들 자연스럽게 이런 분류를 해요. 동물을 생명체라기보다는 그냥 먹는 동물이라고 보는 거죠. 맛있게 먹는 음식일 뿐인 거죠.

2년 정도 육식을 중단한 적이 있다고 했는데, 어떤 계기가

있었나요?

개를 오랫동안 키우면서 개를 하나의 인격체로 보게 되었죠. 굉장히 아끼던 강아지였는데 12년 동안 함께 살다가 병으로 잃었어요. 떠나보내고 나서야 '왜 12년 동안 강아지에게 같은 음식만 먹였을까?'라는 생각이 들어서 잘해주지 못한 걸 후회했어요. 우리 강아지는 12년 동안 나에게 한결같은 마음을 주었는데 나는 아무것도 해주지 않았다는 것을 깨달았죠. 자기반성을 하면서 '동물에 관해 알아봐야겠다'는 마음으로 동물보호단체 홈페이지에 들어가서 동물실험, 모피, 채식 등에 관해 처음 접했어요. 그때부터 '그래! 육식을 줄여야겠다' '모피 사용하지 말아야겠다'고 생각했죠.

개를 키운 경험이 다른 동물들에 관심을 갖게 도운 거네요?

그럼요. 그 영향이 굉장히 컸어요. 전에는 아줌마들이 개를 안고 다니면서 "아이고, 우리 애기"라고 말하면 '뭘 저렇게 과하게 표현하나?'라고 생각했는데, 직접 키워보니까 그 마음을 알겠더라고요. 우리 개를 가족으로 느끼게 되었죠. 내가 개를 키웠기 때문에 다른 동물들에게도 관심을 돌릴 수 있었어요. 아니면 다른 동물에 관심을 갖는 기회가 없었을 거예요. 워낙에 육식을 즐기는 편은 아니라서 육식을 중단할 수 있었겠다는 생각도 해요. 지금은 다시 먹지만, 일부러 찾아 먹지는 않죠. 가끔 다른 사람들과 식사 자리에서 고기를 먹을 때 죄책감을 안고 먹는 편이에요.

191

육식을 줄이려는 경험을 하고 난 후에 다시 고기를 먹고 있지만, 뭔가 다른 점이 생긴 거네요?

네, 예전에는 별생각 없이 고기를 먹어 왔다면 이제는 아닌 거죠. 선택의 여지가 있다면 고기를 선택하지 않아요. 친구를 만나 메뉴를 결정할 때, 다른 선택지가 있다면 고기가 아닌 메뉴를 선택해요.

동물단체 자료들을 보면서 동정심 같은 걸 느낀 건가요?

동정심보다는 죄책감을 느꼈어요. 자료 중에서 모피 만드는 과정을 보고 나니까 곧장 고기를 먹는 것에 관해서도 죄책감이 몰려오더라고요. 굉장히 수치스럽다는 생각도 들었고요, 그동안 왜 이렇게 바보처럼 살아왔나 하는 생각에 괴로웠어요. 뭔지 모를 거부감도 컸고요.

개나 모피동물에 머물지 않고 다른 동물의 문제로까지 확장시킨 경우네요.

그 동물들도 사람의 말을 못 할 뿐이지 다 생각은 하고 살 거 아니에요? 그때 깨달았어요. 이건 개에 국한된 문제가 아니다. 다른 동물도 개와 마찬가지다. 동물이라면 다 같을 거라고 생각하기에 이르렀죠. 고통스러운 일을 당하면 동물들도 고통스러울 거예요. 분노도 느낄 거고요. 지능 차이는 있더라도 통증이나 고통을 느끼는 문제에서 인간과 다를 바 없겠죠. 이런 생각을 하면서 다른 동물의 문제까지 생각을 이어나갈 수 있었어요. 동물도 도축장으로 끌려가면서 '내가 죽으러 가는구나' 하고 생각하지 않겠어요? 사람과 다르지 않아요.

죄책감을 느끼는 편이라고 했는데요, 그런 죄책감을 가진 채 육식을 하는 게 쉽지 않을 것 같아요.

네, 죄책감이 상당히 큰 편이에요. '먹지 말아야 하는데' '그만 먹어야 하는데'라는 마음을 가진 채로 고기를 먹죠. 죄책감을 다 처리하지 못하고 느끼면서. 다행인 건 이런 상황이 반복되면서 다시 고기를 끊을 시간이 다가오고 있음을 느껴요. 곧 끊을 수 있겠다는 생각이 듭니다.

죄책감을 가진 채로 먹는다는 게 불행한 상태잖아요. 그래도 어떤 방식으로든 그 죄책감을 처리하면서 고기를 먹을 것도 같은데요?

'나는 곧 끊을 거니까. 이 정도는 괜찮아'라고 합리화를 잘하는 편이에요. 그런데 내가 합리화를 하고 있다는 사실도 알죠.

육식을 중단하는 일을 방해하는 요인에는 어떤 것이 있었나요?

일상적으로 함께 식사를 하는 사람이 함께 채식을 하지 않는다면 채식을 유지하기 어려워요. 가까운 사람들이 내 건강을 챙기

는 마음으로 음식들을 먹으라고 주는데 모른 척하기도 어렵고
요. 애인이나 좋아하는 사람과 함께 맛있는 음식을 먹는 것도 둘
만의 중요한 행복이잖아요. 내 고집으로 딱 시작하기에는 그런
점들이 방해되지요.

애인은 고기를 먹는 분이군요?

네.

애인에게 채식을 함께 하자고 제안한 적은 있어요?

없어요. 저는 강요하고 싶지는 않아요. 자연스러운 변화를 원할
뿐이죠.

가죽 제품도 사용하지 않으실 것 같아요.

네. 전혀요. 내 손으로 사진 않았지만, 선물을 받거나 해서 가죽
제품을 몇 개 갖고 있었는데요, 모피동물 자료들을 접한 후에는
완전히 끊어버렸어요.

**앞으로 다시 육식을 줄이거나 끊을 계획이 있다고 하셨는데,
그렇게 노력하는 과정에서 어떤 환경이 갖춰지면 조금 더
수월하게 실천할 수 있을까요?**

주위에 채식하는 사람이 많아지면 수월해질 거예요. 무엇보다
가족처럼 가까운 사람들이 채식을 한다면 정말 좋겠지요. 아무

래도 가족들은 먹는 음식이 거의 같으니까요. 직장 동료 중에 채식을 하는 사람이 있으면 사람들이 관심을 갖는 기회도 생길 테고요. 경험이나 교육도 참 중요하죠. 우연에 기대기보다는 교육 과정에 이런 문제들을 접하고 생각할 기회가 있어야 하죠. 학교에서 내가 직접 밍크가 되어보는 체험이 있다면, 모피에 관해서 다른 생각을 하게 될 테니까요. 그리고 동물학대를 고발하는 영상을 보기 힘들어하는 사람들도 많지만, 그래도 그런 영상을 보여줄 필요가 있다고 봐요. 이미 도처에 벌어지는 일이니까 정보를 사실 그대로 전달해주어야죠.

마지막 질문인데요, 바다동물에 관해서는 어떤 생각을 하고 있어요?

바다동물에 관해서는 생각해 본 적 없어요.

G

육식에 대한
제 태도는
굉장히
분열적이었어요

1975년생, 시민단체 활동가, 불교

G님의 육식기간은 얼마인가요?

36년이죠.

현재 채식수준은 어떤가요?

육지동물은 95퍼센트 정도, 바다동물은 60퍼센트 정도 끊은 상
태에요.

**인터뷰 들어가면서 드리는 질문인데요, 동물학대나 착취
경험이 있나요?**

초등학교 시절에 했던 개구리 해부실험이 떠오르는군요. 탐구생
활 숙제에 곤충채집이 있었고요. 수많은 곤충을 잡아 플라스틱

통에 넣어 죽였네요. 살아있는 것을 핀셋으로 고정시키면 몸부림치다가 죽었죠. 아, 그리고 병아리! 초등학교 다닐 때 학교 앞에서 파는 병아리를 산 적이 있어요, 세 번쯤. 병아리들은 매번 하루를 견디지 못하고 죽었어요. 집에 어항도 있었네요. 비행기 유리창과 같은 재질로 된, 바닥에서부터 천장까지 이어지는 아주 긴 어항이었죠. 물고기들이 좌우로 다니지 못하고 위아래로만 다녔어요. 나는 늘 그 어항을 쳐다보는 게 두려웠고, 보고 싶지 않았어요. 하지만 그런 불편함을 입 밖에 꺼내지는 못했어요. 이전 애인하고 싸웠을 때, 화가 난 애인이 발아래에 있는 수백 마리의 개미를 밟아 죽인 적이 있어요. 전 그 광경을 보고만 있었죠. 속으론 너무 싫었는데, 그냥 있었어요. 지금 내가 개와 함께 사는 것도 애견산업을 번창시키는 일에 일조한다는 점에서 일종의 동물학대라고 봐요. 오랫동안 육식을 해온 것도 동물학대라고 생각하고요. 엄마의 밍크코트나 무스탕을 입고 다닌 기억도 있어요. 그것도 학대에 가담한 거고. 당장 떠오르는 게 이 정도네요.

동물학대와 착취를 뭐라고 정의할 수 있을까요?
어떤 필요에 의해서 취하려고 드는 게 착취라고 생각해요.

G님이 육식을 시작한 이유가 있었나요?
이유라고 말할 수조차 없는 이유, 말할 필요조차 없는 이유가 있죠. 고기는 언제나, 당연히 먹는 음식이니까요. 고기를 먹는 이유를 생각할 필요가 없었죠.

G님이 채식을 시작한 이유가 있었나요?

채식을 시작한 이유는 분명하게 있죠. 20대 중반부터 고기를 먹을 때마다 뭔가 이상하게 불편한 마음이 생겼어요. '아, 얘들이 동물이지?'라는 생각이 들었죠. 아마도 강아지를 입양하고 같이 살면서부터였던 듯해요. 그 전부터 조금은 그런 마음에 시달렸지만요. 나는 동물을 좋아하는 사람은 아닌데, 강아지와 함께 살면서 다른 동물들의 삶이나 입장을 생각해보는 기회가 생겼죠. 강아지가 그간 내가 생각해온 동물이 아니었거든요. 사람보다 낫다는 생각이 아주 자주 들 정도였으니까요. 항상 나를 기다리고, 내 옆에 와서 자고, 사람의 언어로 말하지는 않지만 눈빛으로, 행동으로 말하고요. 강아지의 한결같은 마음과 행동에서 참많은 것을 배웠어요. 개라는 동물이 희노애락을 느끼는 존재인걸 구체적으로 깨닫게 해 준 건 우리 강아지예요.

그러다 다른 동물들에 관해서도 생각했죠. 우리 강아지가 통증을 느끼고 즐거움을 안다면 다른 종류의 동물도 마찬가지겠다 싶었죠. 그러던 어느 날, 즐겨 찾던 스테이크 집에 가서 주문한 스테이크를 먹으려고 칼질을 했는데 칼을 대자마자 피가 주르륵 흘러나오는 거예요. 일상적인 장면이었는데, 그날은 갑자기 역하더라고요. 처음으로 주문한 음식에 입도 대지 않고 나온 순간이에요. 그 이후에 고기를 끊은 것은 아니었어요. 스테이크만 안 먹고, 다른 고기 음식은 또 별생각 없이 먹었어요.

불편함을 느끼면서도 육식을 지속할 수 있었던 이유는 뭘까요?
회피 능력이 뛰어났던 거죠. 아주 오랜 시간 그랬어요.

그 긴 시간이 일종의 과도기였다고도 볼 수 있겠네요.
그렇죠.

과도기 이전에는 육식에 대해 어떤 태도를 취했나요?
"육식에 대한 태도"라고 말할 것까지도 없어요. 아무 생각 없이 먹었으니까요. 이성애자들이 자신들이 이성애자이기만 한 줄 알고 사는 것과 마찬가지죠. 고기를 먹는 것이 당연했어요. 이성애가 당연하다고 믿는 것처럼, 육식도 당연하다고 믿는 거죠. 이건 강압적 이성애주의와 마찬가지로 강압적 육식주의라고 표현할 수 있을 거예요. 육식을 하는 것이 당연하고 자연스러운 것. 지나치게 자연스러워서 "자연스러운 일이다"라고 표현할 필요조차 없는 일인 거죠. 다른 동물이라는 건, 특히 돼지, 소, 닭 등의 동물은 그저 먹기 위해, 죽이기 위해 있는 것 그 이상이 아닌 거예요. 나도 그 영향 속에 그대로 있었죠.
　과도기라고 부를 수 있는 20대 중반부터 그 이후로 10년간,

소고기나 돼지고기, 닭고기 등에 관해 불편한 마음을 막연하게 가졌을 뿐 모피동물이나 바다동물까지 연결시키지도 않았어요. 무엇이 어떻게 잘못된 형국인지, 불편함의 정체가 무엇인지 알아보고 싶은 마음이 든 적이 없어요. 나는 고기를 좋아하는 사람은 아니지만 앞에 있으면 맛있게 잘 먹었죠.

불편한 마음이 드는 것 자체를 매우 불편해했던 모양이에요.
맞아요. 불편한 것이 싫었고, 불편해하는 내가 마음에 안 들었어요. 돌이켜 보면 육식에 대한 나의 인식과 태도는 굉장히 분열적이었어요. 차라리 아무 생각 없이 고기를 먹던 그 시절의 나는 일관성이라도 있었죠.

채식은 언제 어떤 계기로 시작했나요?
구제역으로 돼지들이 생매장당하는 영상은 본 후에 시작했어요.

채식을 시작한 후에 동물에 대한 인식과 태도는 구체적으로 어떻게 달라진 것 같아요?
고기를 끊은 이후로 어쩌다 보니 동물에 관한 책을 읽을 기회가 많아졌어요. 트위터를 통해 만난 사람들과 동물권 책 읽기 모임도 가졌고요. 동물보호단체 홈페이지를 찾아 들어가서 관련 글이란 글은 모조리 다 읽었어요. 나에겐 의식화 과정이 중요하거든요. 그래서 괴롭지만 동물보호 단체에 올라 온 동영상을 다 찾아서 보고, 너무 끔찍한 장면 때문에 울면서 또 다른 영상을 찾아서 봤죠. 동물 관련해서도 그런 식으로 나 스스로 의식화 작업을 할 필요가 있다고 봤어요.

어떤 사람들은 동물들이 학대당하는 영상을 보는 게 끔찍하고, 고통스럽다고 하던데요, 나는 내가 고통스럽더라도 더 봐야 한다고 생각해요. 그 고통이랑 영상 속 동물의 고통이 비교할 수 있기나 한가요? 자발적으로 느낄 수 있는 고통을 가능하면 느끼며 사는 편이 낫지요. 그래봤자 할 수 있는 게 육식 중단 따위겠지만요. 그게 무슨 그렇게 큰 고통이겠어요.

더 이상 회피하지 않아요. 그게 가장 큰 변화에요. 회피하지 않을 때 그나마 온전하게 볼 가능성이 열리니까요. 확대해석, 미화, 보호대상으로 보는 것은 불필요해요. 그저 똑같은 생명체로 보려고 노력하지요. 우리 강아지, 이 세상 어딘가에 살고 있는 또 다른 우리 강아지와 같은 존재죠.

같은 대상을 두고 두 가지로 다르게 인식하는 것에 대해 어떻게 생각해요? 같은 동물을 두고 인간동물과 인간이 아닌 동물로 나누거나, 같은 개를 두고 반려견과 식용견으로 나누는 거요.

이렇게 말할 수 있겠네요. 나는 이성애자들이 밉지 않아요. 이성애자들도 이성애만 강요하는 사회에 살면서 다양한 선택지를 박탈당했다고 생각해요. 그런 의미에서 동성애자뿐 아니라, 이성애자도 강압적 이성애주의의 피해자인 거죠. 이데올로기라는 게 사람의 정신을 마비시키고, 어떤 특수한 정보를 사실로 여기게끔 세뇌하는 기능을 하잖아요? 육식주의 이데올로기와 강압적 이성애주의, 가부장제라는 이데올로기가 다른 메커니즘을 가지고 있다고 생각하지 않아요. 육식을 하는 사람들 자체가 잘못은 아닌 거죠. 그런 사람들을 양산해 내는 이데올로기의 폐해가 무섭죠.

하지만 이데올로기도 결국 사람의 작품이고, 지배적인 이데올로기도 결국 사람들에 의해 변형되고 사라지는 거잖아요. 이런 의미에서 육식주의가 일종의 이데올로기라는 것을 눈치챈 사람들이 하는 회피는 잘못이라고 생각해요. 불편한 마음이 들고, 변화의 여지가 분명히 있는데도 불구하고 자기의 생활에서 생기는 불편함이 싫고, 자신만의 생존을 위해 다른 생명체가 어떤 상태에 놓여있든 상관없다는 식의 태도는 문제죠. 차라리 아예 무지한 상태가 더 나아요. 불편함을 느끼고, 일부나마 진실을 알면서도 자신이 고기를 먹는 이유를 정당화만 한다면 그게 진짜 문제죠. 동성애자의 존재 자체에 무관심하고 무지해서 동성애 혐오 발언을 하는 사람과 동성애자 인권 보장해야 한다고 입으로 떠들면서 "내 자식만은 절대로 안 돼!" 하는 사람들의 동성애 혐오 발언 중 후자가 더 큰 문제라고 보거든요.

모두가 피해자인 것 같아요. 채식을 하는 사람들도 유별난 사람들 취급받고, 육식주의의 문제가 뭔지 고민할 기회조차 박탈당한 사람들도 안 됐고. 과거의 나를 포함해서, 육식주의 이데올로기에 완전하게 세뇌당한 마비 상태의 사람들에게는 회피나 정당화라는 낱말조차 끼어들 틈이 없어요. 무지 자체거든요. 무지하다는 것은 그야말로 인간중심주의에 절어 있는 상태예요. 먹이사슬의 최상위에 인간이 있다는 식의 파편화된 정보에 기초해 임의대로 동물의 종을 나누고, 위계를 만들고, 서열을 매기는 등의 무지한 행위가 이어지죠. 그런 엄청난 위계를 만들고는 이 동물들은 귀엽다며 난리 치고, 저 동물들은 산 채로 피부가 벗겨지든 말든 상관없다는 무서운 사고를 하는 거죠. 이런 과정에 무슨 내적 갈등이 있겠어요? 무지 그 자체인데.

무지는 굉장히 강력한 거예요. 같은 대상을 두고 경계를 나누고, 위계서열을 만들어 차별하는 과정에서 어떤 갈등도 들어 설자리가 없거든요. 반려동물인 강아지는 귀여워하고 뒤돌아서 식용견이라는 동물로 만든 개고기를 먹는 일 사이에 아무런 갈등이 안 생기는 거예요. "당연한 위계"라는 생각에 "분열"을 운운하는 건 당사자로서는 상상할 수도 없으니까요. 이성애만 정답이라고 아는 사람들에게 "당신은 사랑에, 사람에 위계를 두고 있어요"라고 말할 때, 이성애자인 당사자가 그걸 "분열"이나 "위계"로 인식하겠느냐 하는 문제와 같죠.

하지만 무지에 균열이 생긴 상태에서는 엄청난 회피와 정당화가 있어야 해요. 그렇지 않으면 고기를 먹기가 어려우니까요. 나는 이런 방어기제들이 인간의 본성이라고 봐요. 인간은 덜 피곤한 것, 덜 괴로운 것, 더 안전한 것을 추구하는 동물이잖아요. 이런 욕구들을 내려놓으면 아마 살고 싶지 않겠죠. 인간 입장에서는 살기 위해, 살아남기 위해 이런 방어기제들이 반드시 필요할 거예요. 그러니 단순하게 이건 옳고, 저건 틀리다고 말하기도 참 어렵죠. '내가 당장 육식을 중단하고, 바다동물 먹기를 중단하면 나는 도대체 이 회사 사람들과 뭘 먹으며 살 수 있을까?' 이에 관해 답하는 것은 사실 대단히 어려운 문제잖아요. 고기를 끊으면 불편한 일들을 겪어야 하고, 덜 행복해지겠다는 생각이 드는 거죠. 실제로 그런 경우도 많고요. 이런 상황에서 그 방어기제들을 작동시키지 않으면 살 수가 없죠.

많은 사람들이 인간과 동물의 결정적인 차이점으로 인간에게는 이성이 있다고 말하지만, 나는 방어기제 능력이 결정적인 차이라고 봐요. 이성적인 존재라면 이렇게까지 동물들을 학대하고 착취하는 걸 당연시할 수는 없지 않을까요? 오히려 방어기제를 만들고 가동시키는 것이 인간과 인간이 아닌 동물의 결정적인 차이점이라고 보는 게 솔직한 시각이라고 생각해요. 이런 의미에서라면 인간이 다른 동물에 비해 뛰어나다고도 할 수 있겠네요.

그렇다면 이중인식을 극복하거나 전환하기 위한 방법에는 무엇이 있을까요?
동성애자, 여성 등 소수자의 인권문제와 비슷할 거예요. 정보가 제일 중요하지요. 무관심한 사람들이야 어쩔 수 없지만, 막 관심을 가진 사람들이 다양한 경로를 통해 그 정보에 닿을 수 있어야죠. 물론 관련 정보가 넘쳐나야 가능한 일이고요. 그러려면 정보를 생산하는 집단이 다양해지고, 아주 많아져야 해요. 그건 단체들의 역할이기도 하지만, 개인이 개인적인 영역에서 정보를 생산하는 활동도 정말 중요하다고 봐요.

예컨대 윤리적인 이유로 채식을 하거나 노력하는 사람들이 자신의 생각과 경험을 SNS를 통해 드러내는 방식이요. 이런 개인이 증가할수록 더 많은 정보가 뿌려지는 거니까요. 정보가 많으면 접근이 더 쉬워지고요. 때로는 이런 개인이 그룹을 이룰 거고, 또 다른 정보를 생산하겠지요. 그리고 논란을 불러일으키는, 쟁점을 만들어 알리는 일도 필요하고요. 쟁점을 드러내고 다루는 방식은 때로는 온건하게, 때로는 급진적으로 만들어 볼 수 있고요. 동물에 관한 이야기가 역동적으로 지속되도록 하는 환경을 개인이 만들어내는 일이 참 중요해요. 동성애자 인권 운동을 포함한 소수집단에 관한 문제도 이와 같은 접근이 필요하죠. 정보가 차고 넘치면 무지한 상태에 머물던 누군가도 해당 정보를 접할 기회가 그만큼 늘어나니까 이건 아주 중요한 활동이에요.

제도교육 얘기도 빼놓을 수 없는데요, 제도교육 자체가 당연한 것을 의심하고, 새로운 상상력을 발휘하는 것을 제한하는 경우가 많잖아요? 제도교육 과정에서부터 이성애가 당연한 것인지, 인간이 아닌 동물이 인간동물만을 위해 학대당하는 이 현실이 정당한지 이런 고민을 할 기회가 주어져야 하죠. 약간 다른 얘기지만, 동물 관련 운동가 중에도 동물을 너무 시혜적인 차원으로 보는 사람들이 있는데요, 그건 아니라고 봐요. 시혜적인 그 시선 또한 인간우월주의를 다시 증명하는 행태잖아요. 제도교육 안에서부터 다른 동물을 시혜적인 관점이 아니라, 하나의 생명체로 있는 그대로 바라볼 기회가 있어야 해요.

마지막 질문인데요, 알다시피 인간의 회피 능력이 대단하잖아요? 다양한 정보에 끊임없이 노출되면서도 끝까지 회피하는 사람들에게는 어떤 자극이 더 필요할까요?

역시 정보와 교육 문제로 돌아가는 수밖에요. 가랑비에 옷이 젖는다고 하잖아요? 그걸 믿어야죠. 그리고 그런 정보를 아는 사람이라면 시간이 조금 더 필요할 거라고 생각해요. 똑같은 자극이 주어졌다고 해서 경험과 역사가 다른 사람들이 똑같은 반응을 할 리가 없잖아요. 미미하게나마 어떤 영향을 끊임없이 받고, 줄 거라고 생각해요. 서두를 일도 아니고, 서두른다고 될 일도 아니죠. 개인적으로 어떤 분명한 계기가 필요할 거예요. 그게 언제 어떤 형태로 나타날지는 사람마다 다를 거고요. 그런데 끝까지 회피를 정당화하면서 나는 먹어야겠다고 하는 사람들은 먹어야지요, 뭐. 별수 없죠.

H, I

개는 동물,
    개고기는 음식으로
분리하는
신기한 능력

H - 1974년생, 자영업, 종교없음
I - 1974년생, 사업가, 종교없음

들어가면서 하는 질문인데요, 혹시 동물을 학대했거나 착취한 경험이 있나요?

H. 자의든 타의든 있죠. 초등학교 때, 생물실험으로 개구리를 해부했죠. 내 기억엔 길거리 개나 고양이에게 해를 끼친 적이 없어요.

I. 나도 개구리나 다른 동물들을 해부한 것이 학대라고 생각해요. 그런데 따지고 보면 먹는 건 다 학대죠.

학대와 착취에 대해 어떻게 정의하시나요?

H. 학대는 정신적인 문제가 있어서 동물에게 가해하면서 기쁨 등 카타르시스를 느끼는 행위라고 생각해요. 그리고 내가 너보

다 더 강하다는 것을 증명하기 위해 하는 나쁜 행위죠. 착취는 금전적인 이득 등 이윤을 추구하기 위해 행하는 것과 의도적으로 고통을 유발하는 행위라고 생각해요.

I. 나도 같은 생각이에요.

육식기간을 어느 정도라고 할 수 있을까요?

I. 36년 정도요. 고기를 별로 안 좋아했지만, 엄마가 먹이니까 먹었죠. 하지만 커서는 모든 고기를 엄청 좋아했어요. 그러다가 3년 전에 헬렌 니어링의 책을 읽고 끊었죠. 『아름다운 삶, 사랑 그리고 마무리』라는 제목의 자서전이었을 거예요. 의식적으로 끊은 건 3년 되었죠.

H. 계란은 먹으면서 고기를 안 먹던 시절은 15년 정도 돼요. 초등학교 때부터 고기를 안 먹었거든요. 해산물, 계란은 먹었지만 육고기 자체를 안 좋아해서 안 먹었어요. 느끼하고 기름진 게 별로라서. 그러다 유학을 간 스물세 살부터 고기를 먹었고, 서른아홉 살에 다시 끊었어요. 동물권과 상관없이 고기의 느끼함이 싫어서였죠. 동물권 관련해서 채식 시작한 기간은 9개월 정도. 의식적인 기간을 제외하면 전 기간을 다 먹은 셈이죠.

고기를 끊은 어떤 이유나 계기가 있었나요?

I. 그 책을 읽기 전에는 한 번도 심각하게 생각해 본 적이 없어요. 동물을 참 좋아해서 강아지를 키우지만, 개네를 데리고 펜션 가

서 고기를 구워먹던 사람이었죠. 책의 어떤 부분에서 확 영향을 받았는지 기억은 안 나는데, 그 책을 읽고 그냥 결심했어요. '고기를 먹지 말아야겠다!' 고기를 끊은 그날 이후로 한 번도 안 먹었어요. 헬렌 니어링은 채식에 대해 이야기하며 동물을 먹는다는 것에 관해 부정적으로 얘기했어요. 하지만 "완벽한 비건은 못 되는 게 아이스크림을 먹어서 비건인 친구들에게 비난을 받는다"라고 한 말도 기억나네요. 헬렌 니어링은 영지주의적인 면이 강한 사람인데 내가 영성에 관심이 많은 편이라 그 사람의 생각이나 생활태도에 더 관심이 갔고, 영향을 받았죠.

동물권에 관한 고민은 피터 싱어의 책을 보면서 시작했고요. 처음 고기를 끊고 2년 후쯤 피터 싱어의 책을 읽었죠. 어느 날 트위터상에서 동물권 문제로 논쟁하다가 피터 싱어라는 사람을 처음 접하고, 그의 책 내용을 정리해 둔 블로그 글을 하나 읽는데, 눈물이 막 나는 거예요. 그날 밤부터 당장 책을 주문해서 읽었죠. '물고기와 육고기가 다를 이유가 뭔가?' 의문이 들더라고요. 처음으로 물고기도 끊어야겠다는 마음이 생겼고, 비건을 지향해야겠다고 결심했어요. 그리고 그 책을 통해 내가 채식을 해야 하는 이유에 관한 이론적인 부분을 정리했죠.

H. 같이 사는 사람이 동물권을 공부하고 고기를 끊으니, 그 영향을 받았죠. 그 사람이 읽은 피터 싱어의 『동물 해방』을 저도 읽고 나서 고기를 끊은 경우에요.

피터 싱어의 책을 읽기 전에는 왜 그런 생각을 못 했을까요?

I. 살면서 그만큼 세뇌되었다고 봐요. 인간이 고기를 먹는 것은 자연스러운 일이라고요.

H. 아무도 가르쳐주지 않잖아요. 한 번이라도 '너는 고기를 먹지 않아도 된다'는 말 들어본 적 있어요?

I. 할아버지가 과수원에 딸린 작은 목장을 운영하셨는데, 거기에 소가 다섯 마리 정도 있었어요. 방학 때 가면 외양간에 냄새가 많이 났고, 소를 목초지에 방목하셔서 자연스럽게 보고 자랐죠. 그런데 단 한 번도 그 동물이나 그 동물의 환경에 관해 생각해 본 적이 없어요. 피터 싱어의 책을 읽기 전에는 말이죠. 신기한 일이에요.

H. 나는 학습에 의한 세뇌효과라고 생각해요. 내가 고기를 먹는 사람이라고 가정해보죠. 고기를 먹지만, 소를 보면서 '저 소는 곧 내가 먹을 고기'라고 생각하지는 않잖아요. 물론 알고는 있겠죠. 하지만 그 소를 보면서 곧장 내 음식으로 생각하지는 않죠. 개고기도 예를 들 수 있겠네요. 어떤 사람들은 개를 사랑하지만, 또 어떤 사람들은 개를 먹죠. 개를 먹는 사람들이 다른 사람들과 산책하는 개를 바라보면서 곧장 '저건 내 음식이다'라고 생각하지는 않죠. 이건 학습효과이자 학습에 의해 세뇌된 결과일 거예요. 저 개는 동물이고, 내가 먹는 개고기는 그냥 음식이라고 분리해서 생각하게 하는, 그렇게 분리하는 게 아무렇지도 않은 신비로운 능력. 이게 세뇌의 결과죠.

I. 그런 부분에 관해 생각해볼 수 없어요.

H. 배움 자체가 없었잖아요. "1 더하기 1은 2다"라고만 가르쳤지, 우리가 음식을 먹을 때, 그 음식을 먹을지 말지 선택할 수 있다는 사실을 가르치지 않았어요. "육식"이라는 말 자체가 없었으니 말 다 했죠. 고기를 먹는다는 건 너무나 당연한 일이니까. 채식은 스님들이나 하는 거라고 생각했죠, 뭐. 교육 수준이 너무 심각해요. 그렇지만 교육을 통하지 않고는 희망을 발견하기 어렵죠. 우리나라의 육식문화나 잡식문화 그리고 채식문화에 관한 모든 정보가 교육 과정에서 다루어져야 한다고 생각해요. 무엇을 먹을지, 먹지 않을지는 내가 선택할 수 있다는 사실을 교육을 통해 알려야죠. 요원한 일이에요. 돈 문제가 걸려 있으니까요.

채식 전후로 동물에 대한 태도에 변화가 있었는지요?

I. 나는 고기를 끊기 전에도 동물을 예뻐하는 편이었어요. 그냥 좋아하니까 예뻐한 거죠. 존중하려고 애 쓰기는 했어요. 동물의 감정도 잘 살피려고 노력했고요. 하지만 채식을 시작하면서 동물권에 관심이 생겼고, 동물에 대한 관심의 폭이 넓어졌어요. 내 가까이에 있는 동물의 문제에만 머물지 않고 다른 모든 생명의 문제로 사고가 확장되었죠. 내가 할 수 있는 활동은 무엇인지도 늘 고민하고, 뭐든 찾아서 하려는 것도 큰 변화 중 하나예요. 내 관심이 모든 생명체로 확장되었어요.

기존의 생각이 견고해서 쉽진 않겠지만, 견고한 생각에 작은 금이라도 낼 수 있는 방법, 장치에는 무엇이 있을까요?

I. 앞에서도 강조했지만 이건 정보의 문제에요. 육식에 관한 바른 정보를 정리해서 제공하고, 그걸 접할 수 있는 환경을 만들어야 해요. 나만 해도 아직 자극이 필요한 상태거든요. 예컨대 우유가 들어간 어떤 음식을 먹고 싶을 때 그런 정보를 접하면 '먹지 말자'는 생각으로 돌아갈 수 있어요. 주변 사람들에게서 얻는 정보나 자극이 참 중요하죠. 윤리적인 이유로든 어떤 이유로든 채식을 하는 사람들에게서 얻는 정보들이요. 그리고 SNS를 활용한 활동을 최대한 이어나가야 하죠. 같은 주제로 말하더라도 사람에 따라 전하는 강도가 다를 거예요. 그 다양한 강도의 정보가 끊임없이 드러나고, 공유되어야 해요. 어떤 문제든 일차적으로 정보, 정보만큼 중요한 게 또 어딨겠어요.

H. 방송의 영향력을 생각하면, 방송 프로그램이 참 중요한 역할을 할 수 있어요. 방송 PD들이 좋은 정보들을 만들어 제공해야 한다고 생각해요. 지속적으로 한다면 효과가 있을 거예요. 다큐멘터리 등이 효과가 좋죠. 동물권은 동물만의 문제가 아니에요. 환경과 인권에 이르는 문제죠. 동물권을 생각하는 일은 내 삶을 되돌아보는 계기를 만드는 것, 내 삶을 변화시키는 것을 의미해요. 그동안 내가 어떻게 살아왔는지, 잘살고 있는지 성찰하는 기회랄까요. 여하튼 나는 동물들이 처한 처참한 환경과 고통의 현실을 사람들이 알게 되는 것만으로도 어떤 변화의 계기가 만들

어진다고 믿어요. 우리가 제대로 볼 수만 있었다면, 모든 사람이 이런 정보들을 온전하게 접할 수 있었다면, 이렇게나 많은 사람들이 고기를 이렇게나 많이 먹을 순 없었을 거예요.

I. 얼마 전에 〈생생정보통〉이라는 프로그램에서 "건강 밥상"이라면서 한 상에 고기, 생선, 우유, 계란찜을 올려놓고 소개하더라고요. 그게 어떻게 "건강 밥상"이지요? 우리가 볼 때, 그건 "죽음의 밥상" 자체거든요. 그런 거짓을 사실인 양 보도하면, 그 방송을 보는 많은 사람들은 여과 없이 받아들일 수밖에 없잖아요. 정말 안타까워요.

H. 그래서 미디어가 바뀌는 일이 정말 중요해요. 눈에 보이는 게 다가 아니잖아요. 더 많은 사람들이 이 사실을 알아야 해요. 주류 언론이 우리를 조종해온 거나 마찬가지죠. 일종의 세뇌. 우리나라의 획일적인 문화, 분위기도 참 문제에요. 모두가 "그렇다"라고 말할 때, "아니야"라고 말하기가 정말 어려운 사회잖아요. 이분법적인 사고도 너무 팽배해 있고요. "이것 아니면 저것"이라는 중도 없는 사회죠. 그리고 군사주의적인 문화. 상황이 이렇다 보니 회사 회식에서도 부장이 "고기 먹자" 하면, 고기 먹어야 하는 거예요. 그 순간에 "고기 먹기 싫어요"라고 하면, 인사에 불이익이 생길 수 있고요. 이 나라의 현실이 이러니 진실을 알리기도 어려울 뿐 아니라, 진실을 알아도 실천하기는 더 어렵죠. 시민 개개인이 더 똑똑해지는 수밖에, 방법이 없는 듯해요. 다큐 프로그램도 찾아보고, 관련 책도 찾아 읽고요. 생각할 기회를 적극적으

로 가지고. 점점 증가하는 추세이지만, 좋은 정보를 최대한 많이 만들어야 해요. 사람들이 생각할 계기, 기회를 스스로 마련하기 위해서라도 그런 정보가 반드시 필요해요. 이런 과정을 통해 채식 인구가 조금씩이라도 늘어날 수 있겠죠. 오랜 시간에 걸쳐 좋은 정보를 많이 접하다 보면 아주 천천히 변화의 가능성이 열릴 거예요. 너무나도 오래된 생활습관, 식습관을 당장 바꾸기는 어렵더라도요.

J

구제역이 창궐할 때
  돼지를
생매장하는
영상을 본 순간

1983년생, 학원강사, 종교없음

인터뷰 들어가면서 드리는 첫 질문인데요, 육식기간이 얼마나 되었나요?

채식을 하기 전까지니 평생이나 다름없죠. 채식은 2010년 12월부터 시작했어요. 약 27년 육식을 해왔다고 말할 수 있겠네요.

동물학대나 착취 경험이 있나요?

네, 있어요. 어릴 때, 개미를 잡아서 물통에 빠뜨려 죽였어요. 바닷가에 가서 소라 같은 게 보이면 잡아 빼서 죽이고는 했어요. '저것들을 죽여야지' 하고 작정해서 나온 행동은 아니에요. 진짜 별생각 없이 재미있어서 그랬어요. 오로지 재미 때문에. 개나 고양이를 학대했던 적은 없어요. 어릴 때, 곤충채집한 것 정도가 떠오르네요.

학대와 착취를 어떻게 정의할 수 있을까요?

일단 우리는 동물의 언어를 모르니까, 서로 말이 통하지 않으니까 명확하게 확인할 길은 없지만요. 의지를 표현하는 동물의 의사표현에 반해서 위해를 가하거나 이득을 취하는 행위라고 생각해요.

27년이라는 시간 동안 육식을 해왔는데요, 채식을 시작하게 된 동기나 이유가 있었나요?

고기를 끊어야겠다고 생각한 계기는 구제역이 창궐할 때 돼지를 생매장하는 영상을 본 순간이었어요. 굉장히 충격적이었죠. 그리고 개식용 문제를 고민하다보니 '그럼 돼지는? 소는?' 하는 의문이 생겼는데 결국 소고기나 돼지고기를 안 먹는 게 이치에 맞겠더라고요. 다시 말하면, 개식용을 반대하면서 육식을 하지 말아야겠다고 생각하게 되었고, 구제역이 터지면서 생각을 실행에 옮기게 되었어요.

현재 채식 수준은 어느 정도인가요?

고기는 모두 끊었고 어패류, 유제품은 먹어요. 우유를 따로 마시지는 않고요. 치즈는 먹어요.

구제역으로 동물들이 생매장당하던 시기에 고기를 끊기로 결심했다고 했는데요, 오랜 시간 강아지들과 함께해왔다고 알고 있어요. 그 경험도 고기를 끊는 데 영향을 미쳤나요?

물론이에요. 아무래도 개를 키운 경험이 많고, 가까이 지내다보니 '어떻게 이런 애들을 죽여서 먹을 수 있을까?' 하는 의문이 들었어요. 아무리 생각해봐도 나는 개의 의사에 반해서 개를 죽여서 먹을 수 없겠더라고요. '왜 사람은 먹지 않는가? 사람이 얼마나 큰 고기인데!' 하고 생각하다가 소나 돼지 같은 다른 동물에 관한 문제로 고민이 이어졌어요. '소나 돼지 역시 죽고 싶지 않을 것이다. 그런 동물을 죽여서 먹어왔구나.' 농장에서 동물이 사육되는 환경에 대한 자료를 조금씩 찾아봤어요. 아, 이건 구제역 사태 이전의 경험이에요. 자료를 찾아 읽어봤지만 채식주의자가 되어야겠다는 생각까지 하진 않았어요. '나 하나가 채식을 한다고 뭐가 바뀌겠어?' 이렇게 생각하고 말았죠.

그러다가 구제역 때 그 영상을 보고 '뭐가 바뀌든 안 바뀌든 당장 채식을 시작해야겠다. 나는 저런 폭력에 가담하지 않겠다'고 결심했어요. 아직도 분명하게 설명할 순 없지만 무언가에 굉장히 실망했어요. 막연하게나마 느낀 부분을 말하자면 이 지경이 될 때까지 동물 문제에 무감하고, 무신경한 사람이라는 존재에 대한 실망이었어요. 고기를 먹지 않는다고 해서 우리가 쓰러지거나 죽는 게 아니잖아요. 고기를 끊는 많은 경우가 건강 문제 때문이잖아요. 왜 영양의 문제로 죽어나갔고, 지금도 죽어나가

는 동물들을 생각하지 않는지 이해하기 어려웠어요. 나도 예외
가 아니고요. 고기는 당연히 먹는 거라고 하면서 동물들을 이런
식으로 대하고, 결국은 생매장하는데도 항의할 방법도 없고, 그
문제에 접근하기도 어렵고. 내가 고기를 먹는다는 사실이 그 모
든 것을 초래했다고 느꼈죠. 나비효과 같은 거요. '내가 고기를
먹으니 저 동물들이 저렇게 산 채로 죽어 나가는구나.' 하는. 전
반적으로 인간 자체에 대한 실망감이었어요.

**I님도 27년간 육식을 해왔고, 많은 사람들이 육식을 하고
있잖아요? 이렇게나 많은 사람들이 별 문제의식 없이 육식을
할 수 있는 이유는 무엇일까요?**

사람들과 어울리며 조화를 이루고 싶다면 고기를 먹는 게 유리
해요. 채식을 시도한 초기에 사람들을 만나면 당연히 고깃집에
가야 했고 거기서 "나는 고기를 안 먹어요"라고 말하기가 너무
어렵더라고요. 심지어 건강 문제가 아니라 동물권에 관한 문제
의식 때문에 채식을 시작한 경우여서 말을 꺼내기가 더 힘들었
어요. 나는 사실 곱창집에 가 있는 것 자체가 너무 괴로웠거든
요. 심지어 '내가 소 내장을 굽는 사람들과 굳이 대화를 해야 할
까? 만나야 할까?' 생각한 적도 있어요. 그러니 점점 사람들을 안
만나게 되고, 다른 자리에서라도 "채식을 한다"고 말하니까 사
람들도 나를 부르지 않게 되고.

　이런 생각을 하는 사람들도 있었어요. '쟤는 동물이 불쌍해서

채식을 하는 애니까 고기를 먹는 나를 비난하겠지.' 내가 고기를 먹지 않는 순간뿐 아니라 내가 고기를 먹지 않는 사람이라는 정체성 자체가 함께하는 다른 사람들을 불편하게 만든다는 걸 알았어요. 이 문제로 사람들을 멀리하거나 관계가 달라지기를 원한 건 아니지만 관계가 달라지기는 했죠. 2차원 평면 위에 종과 횡이 있으면 횡이 한 칸만 옮겨진 변화랄까요. 누가 나를 때린 것도 아닌데, 맞고 있다는 생각도 들고. 굉장히 미묘한 느낌이 들었어요.

트위터에서 채식을 진지하게 고민하는 사람들을 많이 봤는데요, 그분들이 언제 무너지냐면, 다른 사람들과 만나 식사하러 가는 순간이에요. 그때를 상상하든, 직접 맞이하든 딱 그 순간에 무너지더라고요. 고기를 굽는 행위는 단순히 그 행위 자체로 끝이 아니에요. 고기를 먹는 것은 문화적으로 굉장히 중요한 행위에요. 기존의 지배적인 음식문화를 부정하고 거부하기는 무척 어렵잖아요. 사실 거부해야 한다는 생각조차 할 수 없을 만큼 강력하죠. 기존의 삶의 스타일, 패턴을 바꾸기는 쉽지 않아요. 상상조차 하기 어렵고요. 육식주의라는 게 이렇게 강력해요. 게다가 의식적으로 고기를 끊고 싶다고 생각해도 채식 행위에서 내가 얻을 게 확실하지도 않으니 시도하기가 더 어렵고요. 사람들은 기본적으로 자신에게 이득이 되는 행위를 하죠. 그러니 이득이 될 게 없는 채식을 할 이유가 어딨겠어요. 문화도 그렇지만 습관을 바꾸기는 너무나도 어렵고요.

개, 고양이와 함께하면서 개고기를 먹는 것은 어떻게 설명할 수 있을까요?

홀로코스트를 다룬 한 영화에 이런 장면이 나와요. 유대인과 아리아인의 경계가 모호해서 구분하기가 어려웠어요. 그래서 어떤 유대인이 자신은 아리안이라면서 유대인이란 사실을 숨기죠. 같은 대상을 같다고 생각하지 못하게 만드는 것, 같은 대상인 걸 알지만 부정할 수 있는 것, 인지부조화라고 볼 수도 있는 이것이 개, 고양이와 함께하는 사람들이 개고기를 먹을 수 있게 하는 듯해요. 반려동물인 예삐는 귀여운 내 강아지이고, 내가 먹는 저 개는 우리 예삐와 다른 개라고 인식하는 거죠. 그러니 애초에 그 개가 어떤 과정을 거쳐 식탁 위에 오르는지 관심이 없고, 그러니 알 길도 없죠. 같은 대상에 관해 일관된 인식을 갖고, 유지하기를 힘들어하는 사람들이 많아요. 같은 대상을 두고도 다른 생각을 쉽게 해낼 수 있으니 내가 개를 키우고 있어도, 다른 개를 잡아먹을 수 있죠. 심지어 예삐하며 키우던 개를 잡아먹기도 하잖아요. 이런 예도 가능하겠네요. 많은 사람들이 펭귄이나 북극곰 인형을 좋아해요. 하지만 그 관심을 실제 펭귄과 북극곰으로 확장시키지 않아요. 아예 무관심하잖아요.

채식을 시작하기 전과 후에 다른 동물에 대한 태도가 달라졌다면, 어떻게 달라졌나요?

채식 덕분에 인생이 참 피곤해졌어요. 남들 다 아무렇지도 않게 하는 걸 나는 못 하죠. 정확하게는 안 하는 거지만요. 예컨대 겨울에 어그 부츠도 못 신고, 가죽옷도 못 입죠. 하지만 그런 불편을 감수하기로 한 이상, 그렇게 해야죠. 그런데 가죽 소재가 아니어도 견고하고 예쁘게 잘 만든 제품이 더 많아져야 해요. 가죽으로 만들지 않은 제품도 충분히 좋다는 인식이 생기도록 하려면 제품의 질이 높아져야죠. 아, 최근에는 물고기도 안 먹으려고 노력하고 있어요.

바다동물도 줄이고 있군요.

네. 하지만 바다동물에 관해서는 정말 모르겠어요. 주변에 횟집이 참 많잖아요? 소나 돼지는 그나마 도축하는 과정이나 갇혀 있는 상태를 보여주지는 않잖아요. 그런데 횟집에서는 수조 안에 물고기를 넣어 살아 움직이는 모습을 전시한 다음 꺼내서 바로 잡아 죽여 먹잖아요. 그게 놀라울 때가 있어요. 이런 문제에 고민이 많아요. 참치 캔처럼 접근이 쉬운 음식일수록 피해야 한다고 생각하면서도 참 쉽지 않아요. 어려운 문제지만, 있는 자료 없는 자료 긁어모으고 열심히 공부하고 고민해야 한다고 생각하고, 지금 그런 과정에 있어요.

어떻게 해야 동물 소비를 줄이거나 끊는 사람들이 늘어날까요?

방송이 참 중요해요. 동물에 관한 프로그램을 많이 만들고, 사람들이 접할 수 있게 하는 거요. 사람들에게 가 닿도록 많이 말하고, 알리고, 드러내는 거요. 〈동물농장〉 같은 프로그램에서 유기견 이야기를 많이 하니까 유기견에 관한 관심이 늘어났잖아요. 길고양이 밥을 주는 사람들이 있다는 사실도 방송을 통해 서서히 알려지고 있고요. 그렇게 사람들에게 계속 노출하면 농장동물이 얼마나 비참한 환경에서 키워지며, 비참하게 살다가 죽임을 당하는지, 그런 고기가 우리 식탁 위에 올라온다는 사실을 알게 될 거예요. 우리가 오늘 하루 삼겹살을 먹지 않는 게, 그 동물들에게 어떤 의미인지 생각할 기회가 자주 제공되어야 한다고 봐요.

꼭 무엇이 옳고 그르다는 식의 가치판단을 배제한 프로그램이면 좋겠어요. 사실을 있는 그대로 보이기만 해도 충분할 거예요. 모든 사람이 그 동물의 실생활을 전혀 모른 상태로 대형 슈퍼마켓에서 전시되고 판매되는 포장 상태인 최종 단계의 고기만을 본다는 건 불행한 일이에요. 경동맥이 달랑달랑 붙어있는 상태의 동물, 우리는 그 동물에 관해 아는 게 전혀 없죠. 그 과정에 직접적으로는 참여하지 않으니까요. 그 모든 사육과 도축 과정에 참여하고 있지 않다는 사실을 아는 것도 중요하죠. 이 모든 과정을 알 수만 있다면 많은 사람들이 그 과정에 참여하고, 기여하는 것을 다시 생각하게 될 거예요.

동물 문제 가운데 최근에 특별히 고민하는 부분이 있나요?

있어요. 늘 생각이 많아요. 개를 사랑하면서 키우고, 개고기를 먹는 문제에 관해서 생각이 많아요. 극단적으로 이렇게도 표현할수 있죠. 내가 개를 잡아먹기 위해서 앞다리 하나를 끊어 놓고는, 그 개를 치료하겠다며 동물병원에 데려가는 형국이요. 똑같은 동물인데 어느 날엔 고기가 되었다가, 다른 날엔 환자가 되는 거잖아요. 이거야말로 그 누구도 극복하지 못할, 세계에 대한 특별한 인식이나 정신체계에 대한 궁극적인 도전이 아닌가 하는 생각이 들어요.

인간의 육식 자체에 대해서도 이런저런 생각을 자주 해요. 어떤 때는 '내가 자연스럽게 길러서 잡아먹는다면 괜찮지 않을까?' 하고 생각하다가 '그러면 대체 언제부터 길러 잡아먹는 게 자연스러운 일이 된 거지?' '인간다운 것의 의미는 뭐지? 자연스럽다는 것은 또 뭐고?' 이런 질문도 하죠. 그러다가 아예 죽이지 않으면 안 되나, 인간은 장수를 원한다는데 꼭 장수해야 하나, 고기 단백질을 먹어야 장수한다는데 내가 장수를 원하지 않고 비실거리다가 죽기를 선택하면 안 되나, 내가 영양소가 부족해서 시름시름 앓다가 죽는다고 해도 내가 먹기 싫어 죽는다는데 어쩔 것인가, 인간의 본성이란 무엇인가, 그러면 내가 시름시름 앓다 죽더라도 고기를 안 먹겠다고 하는 나는 인간이 아닌가 등 나에게 던지는 질문이 참 많아요. 특히 인간의 본성이라고 쉽게 주장하는 것이 어느 만큼의 근거가 있는지 회의적이고 진실이 뭔지 모르겠어요.

부록.

실험동물의 현실 파악하기
–동물실험을 한
국내 학위논문 목록

국내 실험동물의 이용 실태를 알아보기 위한 목적으로 1945년부터 2011년까지 발표된 석·박사 학위논문 중 동물실험을 한 학위논문을 찾아보았습니다. 1945년부터 2011년까지 석·박사 학위논문 중 동물 생체실험 논문의 수는 약 1,200여 개였습니다. 이 수치는 동물세포 실험, 원생동물 실험, 초파리 실험 그리고 바다동물 실험을 제외한 숫자로 이 실험을 모두 포함하면 전체 동물실험의 수는 약 3,000여 편에 이를 것입니다.

　이것은 학위 취득을 위한 동물실험에 관한 수치일 뿐입니다. 학회논문 등의 연구논문이나 의학적인·산업적인 이유로 실시되는 연구를 포함한다면, 그 수는 수배에 달할 것이라 예상 합니다. 또한 원하는 혹은 예상하는 결과를 얻기 이전까지 "사용된" 동물의 수를 고려하면 그 수치는 더욱 높아지겠지요.

• 학위논문에 이용된 실험 대상 동물

붕어, 이스라엘 잉어, 누에, 개구리, 두꺼비, 굴, 게, 소금쟁이, 피조개, 꿀벌, 뱀, 송사리, 나방, 거머리, 지렁이, 개불, 지네, 모기, 달팽이, 불가사리 등이 있었음. 동물 생체실험의 경우, 실험동물로는 집쥐·흰쥐·생쥐 등 쥐, 병아리, 닭, 개, 고양이, 다람쥐, 돼지, 오리, 토끼 등이 주로 사용되었음.

• 실험 대상 동물을 의미하는 몇 가지 분류와 명칭

실험 대상 분류: 소동물, 어류, 파충류, 연체동물, 패충류, 무척추동물, 환형동물, 윤형동물, 단성윤형동물, 피낭동물, 성구동몰, 수종 척추동물, 폐포자충 등(1945년부터 1970년대 중반까지는 연구제목에 실험동물의 명칭을 군집 형태로 표기하는 경우가 많았음).

실험 대상 명칭: 동물, "몇 가지 동물", "각종 동물", "포유동물", "척추동물", "정상동물" 등이 있음.

1970년대 후반부터 조금씩 군집 형태의 명칭이 아닌 "흰쥐" 등 구체적인 동물의 종류를 언급하기 시작함. 전반적으로는 "실험동물" 등 동물을 추상화·일반화·물화한 명칭이 주를 이루고 있음.

1980년대 중반에 처음으로 "동물모형"이라는 용어가 등장. 1990년대에는 "동물실험", "동물모형"이라는 명칭과 함께 "동물모델", "동물실험모델" 등의 용어가 다수 사용됨.

동물실험 관련 논문들의 가장 큰 특징 중 하나는 개체의 특성을 반영한 명칭보다는 "동물실험", "동물모형", "동물모델", "동물실험모델" 등 개체의 개성을 제거·삭제한 상태로 언급한다는 것, 또 다른 특징으로 쥐나 병아리를 rat, chick 등 영어로 표기한 논문이 다수 등장함.

1. 인간동물의 불로장생을 위해 시행된 학위논문 사례

- 포유동물 골격근의 지배신경 절단후의 변화 및 말초신경변성에 대한 조직학적 관찰, 권홍식, 전남대, 1957, 석사
- 동물자궁점막상피의 탈락 및 재생에 관한 전자현미경적 연구, 원봉래, 경북대, 1969, 석사
- 수종 치과금속재료가 실험동물에 미치는 병리조직학적 연구, 이건주, 경희대, 1977
- 초기 고정이 없는 임플란트의 골유착에 관한 동물실험 연구, 김형성, 조선대, 2009, 박사
- 방사선이 포유동물의 노화에 미치는 영향에 관한 연구, 김종봉, 고려대, 1982, 박사
- 장기 복막투석 동물모델에서 복막의 변화 및 아미노구아니딘의 효과, 이재성, 순천향대, 1996, 석사
- 망막정맥폐쇄 동물모델의 확립 및 아스코르빈산의 망막손상 억제효과, 장광, 서울대, 1996, 박사
- 실험적으로 유발한 동물종양에 있어서 거식세포 유주저지법을 이용한 면역학적 연구, 신희섭, 서울대, 1977
- 실험동물에 유발시킨 피부사상균증의 병리조직학적 변화에 관한 연구, 황계영, 인하대, 1988, 석사
- 중풍 동물모델의 운동기능실조에 대한 연구, 우태율, 경희대, 1999, 박사
- 파킨슨 동물모델에서 TH와 GTPCH를 형질도입한 신경간세포의 뇌이식 효과, 류명이, 아주대, 2001, 석사
- 유방암 동물실험 모델로써 huPBMC-SCID mouse의 유용성, 박성환,

경북대, 2000, 박사

- 귀비탕 및 비금산 전탕액이 실험동물의 지혈작용과 적출자궁근에 미치는 영향, 유동렬, 원광대, 1987, 박사
- 여성산 전탕액이 실험동물의 지혈효과와 적출자궁근 혈관에 미치는 영향, 김철원, 1988, 석사
- 현호색탕 전탕액이 실험동물의 진통지혈효과와 적출자궁근에 미치는 영향, 문영식, 원광대, 1990, 석사
- 개울사물탕이 실험동물의 지혈작용과 적출자궁근 및 혈관에 미치는 영향, 류호분, 대전대, 1991, 석사
- 베체트병의 동물모형에 대한 사심탕류 투여 효과에 관한 연구, 이선구, 경희대, 2003, 박사
- 알쯔하이머병 동물모델에서 인간 신경줄기세포의 뇌 이식, 이일신, 연세대, 2006, 석사
- 망간중독이 파킨스병 동물모델의 뇌에 미치는 영향, 이명종, 부산대, 2002, 박사
- 전자기파 조사가 실험동물의 뇌압에 미치는 영향, 박진한, 영남대, 1994, 석사

2. 연구의 목적이 무엇이었는지 확인해야 할 학위논문 사례

- 시판 청량음료수가 동물의 성장 및 체성분에 미치는 영향에 관한 연구, 김현구, 동국대, 1977, 석사
- 시판 소시지가 동물의 성장 및 체성분에 미치는 영향에 관한 연구, 배석련, 동국대, 1978, 석사
- 대기오염이 동물의 호흡기에 미치는 영향, 서울대, 1976, 석사
- 뇌졸중 동물 모델에게 스트레스의 효과, 김진, 전북대, 2009, 석사
- 어린시기의 스트레스 경험이 성숙 후 약물남용에 미치는 영향에 대한 실험동물학적 연구, 최경석, 원광대, 2005, 석사
- 전기장 효과에 의한 동물 이상행동 실험, 윤장근, 한국교원대, 2000, 석

227

사
- 동물을 이용한 소음폭로 영향평가에 관한 연구, 김덕성, 한양대, 1991, 석
  사
- 발파진동 소음이 동물에 미치는 영향의 최소화방안 연구, 황소중, 동아
  대, 1999, 석사
- 전기자극과 심리갈등 스트레스를 받은 동물의 Interleukin-2 생성능 및
  Lymphokine Activated Killer 세포능변화에 대한 연구, 최동락, 한양대,
  1991, 석사
- 전기자극 스트레스와 심리적 갈등상황을 받은 동물에서 Lymphokine-
  Activated Killer 세포능의 변화에 대한 연구, 박호선, 한양대, 1991, 석사
- 황연해독탕이 우울증 모형 동물의 우울성향 및 PVN의 c-Fos 발현에 미
  치는 효과, 정선용, 경희대, 2003, 박사
- VANADATE가 비마취동물의 심혈관계기능에 미치는 효과, 장용석, 한
  양대, 1987, 석사(*VANADATE : 발광특성이 있는 화학물질)
- 비정형 항정신병 약물이 강박장애 동물모형인 백서의 Schedule-Induced
  Polydipsia에 미치는 영향에 관한 연구, 김태수, 경희대, 1999, 박사
- 외상후 스트레스 장애 치료를 위한 경두개 자기자극 기법 개발: 동물 모
  델에 기초한 중개 연구, 백광열, 카이스트, 2008, 석사

3. 동물실험을 위한 동물모델 개발에 관한 학위논문 사례

- 비뇨 복강경 기술 습득을 위한 체계적 동물실험 모델, 허걸, 동아대,
  2005, 박사
- 흰쥐 아킬레스 힘줄제거 과사용에 의한 만성 힘줄병증 동물모델 개발,
  조남순, 성균관대, 2009, 석사
- 토끼를 이용한 폐쇄성 수면무호흡증의 동물 모델 개발, 유명상, 울산대,
  2011, 박사

4. 동물실험과 관련하여 "최초"로 기록될 만한 논문 사례

- 학위논문 최초로 논문 제목에 "개"를 명시한 동물실험 연구 논문 : 비귀 금속 합금이 성견 구강점막조직에 미치는 영향에 관한 실험적 연구, 이 원구, 연세대, 1981, 석사

- 학위논문 중 두 번째로 논문 제목에 "개"를 명시한 동물실험 연구 논문 : 실험적으로 대장폐쇄를 시킨 견에 Barium Sulfate와 Lodine 조영제의 소장통과시간에 관하여, 김종규, 서울대, 1983, 석사

- 학위논문 최초로 논문 제목에 "고양이"를 명시한 동물실험 연구 논문 : 고양이에서 Spinal cord 외상이 순환계에 미치는 영향, 박광섭, 동아대, 1981, 석사

- 최초의 동물병원 임상진료견에 관한 학위 논문 : 서울시내 일부 소동물 병원에서 임상진료된 애완견의 질병분포에 대한 의학통계학적 조사연 구, 서정욱, 건국대, 1997, 석사

- 학위 논문 중 최초의 동물권 관련 논문 : 동물해방론에 대한 윤리학적 성 찰 : 차별의 근거로서 도덕적으로 의미있는 기준을 찾아서, 장동익, 성균 관대, 1997, 석사

- 학위 논문 중 최초로 연구윤리제도를 연구한 논문 : 한국의 생명과학 연 구윤리제도의 발전방향에 관한 연구, 최병인, 건국대, 2006, 박사

- 학위논문 중 최초로 동물실험에 관한 반성적 연구 논문 : 동물실험에 대 한 기독교윤리학적 반성, 이정원, 장로회신학대, 2005, 석사

참고문헌

단행본

고다마 사에『유기동물에 관한 슬픈 보고서』박소영 역, 책공장더불어, 2009.

김옥진『최신 인간과 동물의 유대』동일출판사, 2012.

김진석『동물의 권리와 복지』건국대학교출판부, 2005.

남유철『개를 위한 변명』유미디어, 2005.

니겔 로스펠스『동물원의 탄생』이한중 역, 지호, 2003.

J. 라레인『현대 사회이론과 이데올로기』한상진 · 심영희 역, 한울, 1984.

르네 데카르트『데카르트 연구: 방법서설 · 성찰』최명관 역, 창, 2010.

마크 베코프『동물권리선언』윤성호 역, 미래의창, 2011.

　　　　　『동물의 감정』김미옥 역, 시그마북스, 2008.

　　　　　『동물의 역습』윤영삼 역, 달팽이, 2004.

멜라니 조이『우리는 왜 개는 사랑하고 돼지는 먹고 소는 신을까』노순옥 역, 모멘토,
　　　2011.

미셸 푸코『지식의 고고학』이정우 역, 민음사, 2000.

박상표『가축이 행복해야 인간이 건강하다』개마고원, 2012.

숭산『선의 나침반』현각 편, 허문명 역, 김영사, 2010.

에리카 퍼지『'동물'에 반대한다』노태복 역, 사이언스북스, 2007.

제레미 리프킨『육식의 종말』신현승 역, 시공사, 2002.

　　　　　『공감의 시대』이경남 역, 민음사, 2010.

제임스 서펠『동물, 인간의 동반자』윤영애 역, 들녘, 2003.

조너선 사프란 포어『동물을 먹는다는 것에 대하여』송은주 역, 민음사, 2011.

존 로크『통치론』강정인 · 문지영 역, 까치, 1996.

진 바우어 『생추어리 농장』 허형은 역, 책세상, 2011.

잔 카제즈 『동물에 대한 예의』 윤은진 역, 책읽는수요일, 2011.

클레어 드루스 외 「유럽의 동물 입법」, 『동물과 인간이 공존해야 하는 합당한 이유들』 피터 싱어 편, 노승영 역, 시대의창, 2012.

캐서린 그랜트 『동물권, 인간의 이기심은 어디까지인가?』 황성원 역, 이후, 2012.

피터 싱어, 짐 메이슨 『죽음의 밥상』 함규진 역, 산책자, 2008.

피터 싱어 『동물해방』 김성한 역, 인간사랑, 1999.

할 헤르조그 『우리가 먹고 사랑하고 혐오하는 동물들』 김선영 역, 살림, 2011.

논문

김소라 「동성애 담론의 역학관계」 성균관대학교, 1997.

김찬호 「사람과 동물 사이」, 『인간동물문화』 한국학술정보, 2012.

맑스 「독일이데올로기」, 『칼 맑스/프리드리히 엥겔스 저작 선집 제1권』 김세균 감수, 박종철출판사, 1991.

우희종 "동물학대의 현황과 실태로 본 우리들의 탐진치", 불교의 생명존중사상과 동물의 생명권, 한국불교학회, 2009.

조민환 「피터싱어(Peter Singer)의 동물해방론과 전 지구적 윤리」 연세대학교, 2006.

최훈 「동물의 도적적 지위와 종 차별주의」, 『인간동물문화』 한국학술정보, 2012.

정기간행물

김영미 「피비린내와 탐욕에 절은 사치품 모피옷」, 『동물보호 무크 숨』 KARA, 2007.

동물자유연대, 동물보호지 『함께 나누는 삶』 2011년 봄호, 2012년 가을호.

박소연 「동물권단체 케어 구호동물 입양센터」 동물권단체 케어, 2012.

한국동물보호연합 리플렛, 2012.

최민지, 캘리포니아 "대량 사육 반려동물 판매 금지"…미 최초, 경향신문, 2018년 12월 31일자

김보미, "'동식물의 보물창고' 코스타리카, 동물원 없앤다", 경향신문, 2013년 8월 8일자

"집단 사육 애완동물 판매 금지 추진…LA시 조례안 상정", LA중앙일보, 2011년 5월 10일자

김혜정, "LA시 펫샵서 애완동물 판매 금지 영구화", 라디오코리아, 2016년 4월 20일
자
"애완용 개, 고양이 매매 금지", 미주한국일보, 2011년 10월 13일자
"애완동물 판매 금지 확산", 미주한국일보, 2012년 5월 3일자
이은희, 신문 보고 생각 키우고 지구촌 기아문제 어떻게 풀어가야 할까, 부산일보,
2011년 10월 5일자
"돼지는 애완동물 안돼"… 주민들 집단 소송, 서울신문, 2013년 8월 27일자

영상

EBS 지식채널c '동물실험' http://www.ebs.co.kr/tv/show?prodId=352&lectId
=1178044
PETA 캠페인 영상 'Silent Scream' http://youtu.be/6KUwib-rGis